THÉÂTRE ROYAL DE L'OPÉRA-COMIQUE.

LA NUIT DE NOËL

ou

L'ANNIVERSAIRE

OPÉRA-COMIQUE EN TROIS ACTES

DE M. EUGÈNE SCRIBE

MUSIQUE DE M. REBER,

Représenté pour la première fois, à Paris, sur le théâtre royal de l'OPÉRA-COMIQUE,
le 9 Février 1848.

Prix : 1 franc.

PARIS
BECK, ÉDITEUR
RUE GIT-LE-CŒUR, 12
TRESSE, successeur de J.-N. BARBA, Palais-Royal.

1848

LA NUIT DE NOËL

ou
L'ANNIVERSAIRE

OPÉRA-COMIQUE EN TROIS ACTES,

DE M. EUGÈNE SCRIBE,

MUSIQUE DE M. REBER,

Représenté pour la première fois, à Paris, sur le théâtre royal de l'OPÉRA-COMIQUE, le 9 Février 1848.

PERSONNAGES.	ACTEURS.
ALBERT, garde-chasse du château de Lowembourg.............	M. MOCKER.
HENRIETTE, sa femme...................................	Mlle DARCIER.
GERTRUDE, cousine d'Henriette............................	Mlle LEMERCIER.
LE BARON DE LOWEMBOURG.............................	M. CHARLES PONCHARD.
LÉONARD, recteur de la Maison des Orphelins................	M. BUSSINE.
POTTINBERG, maître d'école du village.....................	M. RICQUIER.

La scène se passe dans les environs de la ville de Brême.

ACTE PREMIER.

Une salle basse dans le château de Lowembourg.

SCENE PREMIERE.

HENRIETTE, *seule, assise et travaillant.*

PREMIER COUPLET.

Il disait: Jamais volage,
Ni colère, ni jaloux!
Je serai, dans mon ménage
Le modèle des époux!...
Et voilà qu'un an s'achève!
Je n'ai rien vu de pareil...
Ah! l'amour est un beau rêve
Dont l'hymen est le réveil.

DEUXIÈME COUPLET.

Fleur d'amour, rose fanée!
Tendre ivresse qui n'est plus!
Jours d'avant notre hyménée
Ah! qu'êtes-vous devenus?
La guerre sans paix ni trève,
Et la nuit, plus de sommeil!..
Ah! l'amour est un beau rêve
Dont l'hymen est le réveil!

SCÈNE II.

HENRIETTE, GERTRUDE, *entrant gaiement par le fond.*

GERTRUDE.
Eh bien! cousine, que faisons-nous donc, toute seule à rêver?...

HENRIETTE.
Ah! les hommes! les hommes!

GERTRUDE.
Les maris surtout!.. Et dire qu'on ne peut pas les supprimer. Aussi, cousine, tu as voulu cette année, et malgré mes conseils, épouser Albert le garde-chasse..... qui n'avait rien.... ni toi non plus.

HENRIETTE.
Dame! je l'aimais. Il était si gentil... et si amoureux!

GERTRUDE, *avec dépit.*
En vérité!

HENRIETTE.
Et mes parents qui s'opposaient à ce mariage.

GERTRUDE.
Raison de plus pour le désirer.

HENRIETTE.
Les parents sont si maladroits! Et puis, pendant les premiers temps j'ai été si heureuse! Les privations, la peine... tout nous semblait bien... tout était plaisir... Nous étions toujours du même avis.

GERTRUDE.
Et depuis quand cela a-t-il cessé?

HENRIETTE.
Depuis trois mois à peu près... Tiens, cousine, à l'époque où tu es venue demeurer avec nous!

Albert, qui était si complaisant et si soumis... est devenu tout à coup contrariant... taquin... exigeant.

GERTRUDE.
C'est son caractère.

HENRIETTE.
Voulant toujours commander.

GERTRUDE.
Ce qu'il ne fallait pas souffrir.

HENRIETTE.
Ah! bien oui!... Aussi j'ai suivi tes conseils...

GERTRUDE.
Moi qui suis veuve, je m'y connais. Il ne faut jamais céder.

HENRIETTE.
Surtout dans les commencements.

GERTRUDE.
Et continuer de même.

HENRIETTE.
C'est ce que j'ai fait! Naturellement; et de naissance, ma mère m'a toujours dit que j'étais obstinée.

GERTRUDE.
Et, en exerçant, ça s'est développé.

HENRIETTE.
Aussi, depuis deux jours..

GERTRUDE.
Cela va mieux dans ton ménage...

HENRIETTE.
Un mieux... qui va plus mal.... Nous ne nous parlons plus..... Il sort dès le matin..... il rentre tard... il est toute la journée dans la forêt... ou à boire avec les gardes-chasse ses amis.

GERTRUDE.
Ça te donne de la liberté.

HENRIETTE.
C'est vrai... mais cette liberté-là... je n'en sais que faire. Et puis, voilà une quinzaine que nous avons deux chambres séparées.... l'une à droite, l'autre à gauche... toujours d'après tes avis!

GERTRUDE.
Une bonne idée, n'est-ce pas?

HENRIETTE, soupirant.
Oh! mon Dieu, oui.

GERTRUDE.
De cette manière-là, vous ne vous disputez que le jour!.. témoin, avant-hier.

HENRIETTE.
Pour cette robe de soie...

GERTRUDE.
Quelle horreur!

HENRIETTE.
N'est-ce pas?.. M'empêcher d'acheter une robe nouvelle pour la fête du pays...

GERTRUDE.
Il a même dit avec colère : Je te le défends!

HENRIETTE.
C'est la première fois!... Aussi je l'ai achetée ce matin.

GERTRUDE.
C'est bien!... Empêcher une femme de se parer!

HENRIETTE.
C'est de la tyrannie... de l'arbitraire.

GERTRUDE.
C'est attenter à nos droits; et dès qu'on les laisse usurper...

HENRIETTE, avec énergie.
Jamais! J'y suis décidée.... Mais il va être furieux!

GERTRUDE.
Qu'est-ce que ça te fait, puisque tu ne l'aimes plus.

HENRIETTE.
Mais si! je l'aime toujours... c'est plus fort que moi.

GERTRUDE.
Alors si tu conviens de ça... tu es perdue... Il n'y a plus rien à faire.

HENRIETTE.
Mais sois donc tranquille... je n'en conviendrai jamais... Je suis trop fière!.., Plutôt mourir!

GERTRUDE.
A la bonne heure.

HENRIETTE.
Ce n'est pas à moi, c'est à lui de revenir. (On entend en dehors Albert qui crie :) Henriette! Ma femme!

HENRIETTE, avec joie.
Écoute donc?.. c'est lui!

GERTRUDE.
Eh bien?

HENRIETTE.
Eh bien! il m'appelle.

GERTRUDE, avec ironie.
Et avant qu'il n'ait parlé, tu cours lui demander pardon!... Le moyen que tu ne sois pas toujours tyrannisée!

HENRIETTE.
C'est vrai! c'est vrai! c'est à celui qui a tort à faire les premiers pas... Je m'en vais.

GERTRUDE.
Et il ira te chercher, sois-en sûre.

HENRIETTE, vivement.
Tu crois?... Ah! que je suis heureuse de t'avoir.

GERTRUDE.
Dame! si on ne se soutenait pas entre femmes... entre cousines! Le voici.

HENRIETTE, s'élançant par la porte à gauche.
Adieu!

SCÈNE III.
GERTRUDE, ALBERT.

ALBERT, entrant en appelant.
Henriette!.. Henriette!... Ah! c'est la cousine

Gertrude. (*À part, avec douleur.*) Ah! autrefois c'était ma femme qui venait au-devant de moi!... (*Haut.*) Comme c'est agréable!.. Sortez donc de grand matin pour les affaires de la maison... et au retour, rien de prêt.. pas même à déjeuner quand on meurt de faim... (*Apercevant Gertrude.*) C'est vous, cousine?

GERTRUDE.
D'où venez-vous donc ainsi?

ALBERT.
De la ville, où j'ai fait des démarches. La place de forestier général est vacante, et je me mets sur les rangs.

GERTRUDE.
Une belle position!

ALBERT.
Je crois bien,... huit cents écus! Je serai riche à jamais!

GERTRUDE.
Et de qui dépend cette place?

ALBERT.
De la ville de Brême... Et le père Léonard, le vieux recteur qui m'a élevé, connaît le bourguemestre... mais on ne nomme que sur la présentation du baron de Lowembourg... C'est un droit, un privilège seigneurial attenant à ce fief... (*Secouant la tête,*) et le baron de Lowembourg...

GERTRUDE.
Eh bien?

ALBERT.
D'abord... il n'est pas dans le pays..., il voyage en France...

GERTRUDE.
On l'attend d'un jour à l'autre.

ALBERT.
Oui.... mais il serait ici... que je n'aurais pas grand espoir..

GERTRUDE.
Et pourquoi?

ALBERT.
Je ne sais..., mais, lors de mon mariage, je lui ai présenté ma femme .. il ne m'a pas trop bien reçu. Et, si ce n'était la comtesse sa mère qui nous protège... je crois qu'il m'ôterait la petite place qui seule nous fait vivre... et le logement que nous occupons ici, dans le vieux château.

GERTRUDE.
Ça n'est pas possible.

ALBERT.
Ça ne m'étonnerait pas... rien ne me réussit... ni au-dehors... ni chez moi.

GERTRUDE.
Allons! allons, vous voilà encore aigri... irrité contre votre femme.

ALBERT.
J'ai peut-être tort... une indifférente... une ingrate!... et si je ne vous avais pas, cousine, pour m'aider et me consoler... si vos conseils et votre amitié.... Mais aussi comment soupçonner que cette femme, si douce et si bonne, deviendrait tout à coup d'un entêtement et d'une obstination que rien ne peut vaincre. Si je veux blanc elle veut noir.. c'est un esprit de contradiction de tous les instants.

GERTRUDE.
Défaut que vous partagez..; car, vous aussi... vous êtes obstiné.

ALBERT.
Parbleu! on le deviendrait... La patience vous échappe... on se fâche... on s'emporte; puis on est furieux... de s'être mis en colère... Enfin c'est un enfer que notre ménage... Et si elle le voulait... je céderais tout de suite.

GERTRUDE.
Et vous auriez tort!.. parce que enfin on est homme; on doit défendre sa dignité. (*À voix basse.*) Et j'ai essayé tout à l'heure de la faire revenir... sur votre discussion... vous savez?...

ALBERT.
Laquelle?... car nous en avons chaque jour une nouvelle!

GERTRUDE.
De la faire renoncer... à cette robe de soie qu'elle voulait se donner pour la fête du village.

ALBERT.
Oui.. nous n'avions pas de quoi la payer, mais rassurez-vous... je viens de la ville... où j'ai vendu mon beau fusil... et ce qu'elle désirait tant...

GERTRUDE.
Cette robe. . Eh bien!..

ALBERT.
Je la lui rapporte... je l'ai achetée.

GERTRUDE.
Dépense inutile... car, de son côté, elle avait eu la même idée.

ALBERT.
Quoi! malgré ma défense...

GERTRUDE.
L'acquisition est faite.

ALBERT.
Ah! c'est indigne... et je vois...

GERTRUDE.
Vous fâcher encore,.. faire du bruit devant vos amis... que j'entends!

ALBERT.
C'est vrai!..

GERTRUDE.
Vous voyez bien que si je n'étais pas là pour empêcher les scènes...

ALBERT, *lui serrant la main.*
Ah!.. vous avez raison!..

SCÈNE IV.

GERTRUDE, ALBERT, POTTINBERG, GARDES-CHASSE.

CHŒUR.
Quand les frimats couvrent la terre;
Quand la neige blanchit nos champs;

Quel plaisir de boire à plein verre
A l'abri des sombres autans!
ALBERT.
Quoi! vous venez, amis.
POTTISBERG.
Te prendre pour la chasse;
Mais déjeûner auparavant chez toi!
ALBERT.
Rien n'est prêt!...(*Voulant appeler*) Henriette!
GERTRUDE.
Oh! je vais à sa place
(*Aux autres gardes-chasse.*)
Tout disposer! Allons donc!... Aidez-moi?
(*Pendant que Gertrude et les gardes-chasse dressent la table et la couvrent de ce qui est dans le buffet.*)
POTTISBERG, *prenant Albert à part au bord du théâtre, lui dit à voix basse.*
J'ai voulu, comme ami, te rendre un bon office,
Quand on a du chagrin en ménage, en amour,
Il faut boire et chasser!...
ALBERT, *soupirant*.
Nous buvons tous les jours!
POTTISBERG.
Et tu me trouveras toujours à ton service
(*A part.*)
Quand tu paieras!
(*Haut et se retournant vers la table qui est mise.*)
Fêtons d'abord ce jambon d'ours!
CHŒUR, *s'asseyant à la table excepté Gertrude*.
Quand les frimats couvrent la terre;
Quand la neige blanchit nos champs;
Quel plaisir de boire à plein verre
A l'abri des sombres autans!
ALBERT, *s'animant*.
Oui, du vin la vapeur enivrante
Fait oublier la tristesse!
POTTISBERG.
Et le froid!
GERTRUDE, *versant à boire à Albert*.
Buvez alors!
ALBERT.
Ah! vous êtes charmante!
GERTRUDE, *à part*.
Enfin donc il s'en aperçoit!
ALBERT, *toujours s'adressant à Gertrude*.
C'est le beau temps après l'orage.
GERTRUDE.
Vraiment!...
ALBERT.
C'est le bonheur qui semble revenir.
GERTRUDE, *à part*.
On ne peut empêcher, hélas! leur mariage;
Mais on peut les brouiller... ça fait toujours plaisir!
CHŒUR.
Quand les frimats couvrent la terre;
Quand la neige blanchit nos champs;
Quel plaisir de boire à plein verre
A l'abri des sombres autans!
POTTISBERG.
Certainement, ce vin-là n'est pas mal... il se

laisse boire... mais je me rappelle en avoir dégusté chez toi de bien meilleur... une certaine bouteille de tokai... tu n'en as plus?
ALBERT.
Si vraiment!.. mais c'est que ce n'est pas moi... c'est ma femme qui a les clés de la cave.
POTTISBERG.
Eh bien... demandes-les.
ALBERT.
C'est facile... mais...
POTTISBERG.
Il n'ose pas!.. il a peur de sa femme!
ALBERT.
Moi?..
POTTISBERG.
Il en a peur!.. les maris sont si faibles!..
ALBERT.
Ce n'est pas moi, du moins.
POTTISBERG.
Toi comme les autres; et la preuve, c'est que tu n'oses pas nous donner de ce vin de tokai... sans la permission!
ALBERT.
C'est ce que nous allons voir!.. (*Appelant.*) Henriette!.. Henriette!..

SCÈNE V.

LES PRÉCÉDENTS, HENRIETTE, *sortant de la porte à gauche*.

HENRIETTE, *avec émotion*.
Il m'appelle!.. O ciel!.. il est à table... et moi qui l'attendais là... et le cœur me battait d'impatience...
GERTRUDE, *à voix basse*.
Ne laisse voir aucun dépit.
HENRIETTE, *de même*.
Sois tranquille.
ALBERT.
Ces messieurs, pour boire à ta santé, voudraient une bouteille de bon vin... tu sais... ce vin dont le recteur nous a fait cadeau l'année dernière?
HENRIETTE.
Oui, lors de notre mariage.
ALBERT.
Il y en avait six bouteilles, je crois?
HENRIETTE.
Il n'en reste plus qu'une.
ALBERT.
Eh bien, veux-tu nous la monter, ma chère femme?
HENRIETTE.
Dès que cela vous est agréable... à l'instant même.
DUO.
ALBERT, *à ses convives*.
Nous n'en avons qu'une bouteille,
Mais c'est d'une fameuse treille!
C'est du tokai! ce mot suffit!

ACTE I, SCÈNE VI.

HENRIETTE, *qui a allumé le bougeoir et qui est prête à partir.*
Du sauterne... vous voulez dire ?
ALBERT.
Non, je sais ce que je veux dire,
Dans ma mémoire c'est écrit :
Bouteille antique et surannée !
HENRIETTE.
Le recteur, qui vous l'a donnée,
M'a dit sauterne !
ALBERT.
Oui, par erreur.
Je n'y connais !
HENRIETTE.
Mais le recteur
Encor plus que vous est habile,
C'est du sauterne !
ALBERT.
On verra bien,
Et j'en ai un très bon moyen.
Va le chercher...
HENRIETTE, *posant le bougeoir sur la table.*
C'est inutile...
C'est du sauterne !
ALBERT.
Du tokai !
HENRIETTE.
Vin de France !
ALBERT.
Vin de Hongrie !
HENRIETTE.
J'en suis sûre !
ALBERT.
Je le parie !
HENRIETTE.
Du sauterne !
ALBERT.
Du tokai !
HENRIETTE.
Sauterne !
ALBERT.
Tokai !
(S'échauffant.)
Tokai ! tokai ! tokai !
HENRIETTE.
Ce n'est pas vrai ! ce n'est pas vrai !
TOUS LES CONVIVES.
Voyons ! voyons ! nous en ferons l'essai !
ENSEMBLE.

ALBERT.
Voyez ! voyez ! quel caractère !
On ne saurait la faire taire.
Ah ! quel tourment pour un époux !
Tais-toi ! redoute mon courroux !
HENRIETTE.
Voyez ! voyez ! quel caractère !
Il veut en vain me faire taire.
Faut-il que ce soit mon époux !
Ah ! rien n'égale mon courroux !
GERTRUDE, *prenant le bougeoir.*
Eh bien ! j'y vais...

POTTINBERG.
C'est juste... allons chercher ce vin.
ALBERT.
De tokai !
HENRIETTE, *vivement.*
Du sauterne !
ALBERT, *avec impatience.*
Enfin !
Celui que le recteur m'a donné pour ma fête,
Rien que pour lui prouver...
(Gertrude sort avec Pottinberg.)
HENRIETTE.
Tout comme vous voudrez...
Qu'on l'apporte... mais vous verrez
Que c'est du sauterne...
ALBERT.
Quelle tête !
(Avec colère.)
Je te ferai baisser le ton... tu le verras.
HENRIETTE.
Je le veux bien, mais je dirai tout bas :
C'est du sauterne ! du sauterne !
ALBERT.
Silence ! c'est moi seul qui commande et gouverne !
HENRIETTE.
Je me tairai ! mais ça n'empêche pas
Ce vin-là d'être du sauterne.
ENSEMBLE.
D'honneur, c'est à n'y pas tenir.
De la confondre ici je me fais un plaisir.
De le
(Apercevant Pottinberg qui arrive.)
LE CHŒUR.
Enfin... enfin... voilà cette bouteille !

SCÈNE VI.

LES PRÉCÉDENTS, GERTRUDE, POTTINBERG, *tenant une bouteille qu'il apporte en courant.*
POTTINBERG.
Voilà ! voilà ! nous verrons à merveille...
(Il fait un faux pas, en courant, et, voulant se retenir à la table, il heurte la bouteille, qui tombe en éclats.)
TOUS.
Grand Dieu ! quel accident fatal !
La bouteille est brisée....
ALBERT ET HENRIETTE, *à Pottinberg.*
Ah ! quelle maladresse !
POTTINBERG.
Ecoutez donc ! quand on vous presse.
HENRIETTE.
C'est un malheur ! mais c'est égal,
C'était bien du sauterne !
ALBERT.
Et moi je te répète
Que c'était du tokai !
HENRIETTE.
Du sauterne !
ALBERT.
Du tokai !

ENSEMBLE.

ALBERT.
J'en jure sur ma tête.
HENRIETTE.
Du sauterne.
ALBERT.
Du tokai.
HENRIETTE.
Sauterne.
ALBERT.
Tokai.
Tokai! tokai! tokai!
HENRIETTE.
Ce n'est pas vrai! Ce n'est pas vrai!
POTTINBERG ET LE CHŒUR, *avec douceur.*
Nous ne pourrons plus en faire l'essai.

ENSEMBLE.

ALBERT.
Voyez! voyez! quel caractère!
On ne pourra la faire taire!
Ah! quel tourment pour un époux!
Tais-toi! redoute mon courroux.
HENRIETTE.
Voyez! voyez! quel caractère
Il veut en vain me faire taire!
Faut-il que ce soit mon époux,
Ah! rien n'égale mon courroux.
POTTINBERG ET LE CHŒUR.
Voyez! voyez! quel caractère
Il ne pourra la faire taire!
Quel naturel aimable et doux!
Quel bonheur d'être son époux!

(*A la fin de ce morceau on entend en dehors le fouet des postillons, et Gertrude, qui est sortie un instant sur la ritournelle de l'ensemble, rentre en ce moment.*)

GERTRUDE.
Eh bien! n'entendez-vous pas?
POTTINBERG.
Parbleu! avec un bruit pareil!..
GERTRUDE.
Le fouet des postillons... le galop des chevaux... c'est notre maître qui arrive...
POTTINBERG.
Le baron de Lowenbourg?
GERTRUDE.
En personne... Ah! quel beau gentilhomme! il a un air de joie et de contentement...
ALBERT.
De lui-même...
GERTRUDE.
Depuis un an, il parcourait l'Europe pour achever son éducation...
ALBERT.
Qui n'est pas commencée.
GERTRUDE.
Et il revient, c'est un de ses piqueurs qui me l'a dit, avec de jeunes seigneurs de ses amis... pour revoir sa mère, madame la comtesse... et puis passer ici les fêtes de Noël... à danser et boire au château, ou à chasser dans nos campagnes.
TOUS.
Vive monseigneur!

SCÈNE VII.

LES PRÉCÉDENTS, LE BARON, ET PLUSIEURS JEUNES SEIGNEURS *en habit de voyage*, PIQUEURS, POSTILLONS, PAYSANS ET PAYSANNES.

LE BARON.
RÉCITATIF.
Je me revois sur le sol germanique,
Voilà mes paysans, mes gardes, mes vassaux!
(*D'un air protecteur.*)
Bonjours, mes chers!... de ce manoir antique
Qu'avec plaisir j'ai revu les créneaux!

AIR.

Que les voyages sont utiles;
En poste on s'élance gaiement;
On roule de villes en villes,
Et l'on s'instruit en s'amusant!

Oui, c'est ainsi, sans aucuns doutes,
Qu'on acquiert des trésors nouveaux!
Je connais de toutes les routes
Les postillons et les chevaux.
Mon esprit qui se développe,
Des vins, peut citer les premiers.
Je dirais même de l'Europe
Quels sont les plus grands cuisiniers!

Que les voyages sont utiles!
On poste on s'élance gaiement;
On roule de villes en villes
Et l'on s'instruit en s'amusant!

A voyager comme l'on gagne:
Avant de quitter l'Allemagne,
J'étais épais, j'étais pesant,
J'étais un baron allemand!
Mais des beautés parisiennes
Depuis que j'ai porté les chaînes,
Je reviens vif et sémillant,
Et je me retrouve à présent
Léger d'esprit..., léger d'argent!...

Que les voyages sont utiles!
En poste on s'élance gaiement;
On roule de villes en villes,
Et l'on s'instruit en s'amusant!

(*Aux seigneurs qui l'accompagnent.*)
Mais aujourd'hui dans ce domaine
C'est le plaisir qui nous ramène;
Pour nous l'hiver et les frimats
Nous rendent nos joyeux ébats.

(*Aux piqueurs.*)
Halali! halali! saint Hubert nous protége!
Chassons dans les bois, sur la neige,
Et poursuivons de toutes parts
Les sangliers et les renards!

En amour, à la chasse, à la guerre
Je dois revenir triomphant!
Maintenant je sais vaincre et plaire
En français comme en allemand.
(Avec le chœur.)
Halali! halali! saint Hubert nous protége!
Chassons, dans les bois, sur la neige,
Et forçons jusqu'en leurs remparts
Les sangliers et les renards.
(Aux paysans et aux gardes.)
Qu'au retour le foyer pétille;
Que dans les flacons le vin brille,
Et près de nous une jeune fille
Préside à nos joyeux festins
Et répète nos gais refrains.
(Avec le chœur.)
Halali! halali! saint Hubert nous protége,
Chassons, poursuivons sur la neige,
Et forçons jusqu'en leurs remparts
Les sangliers et les renards.

LE BARON, *regardant autour de lui.*
Eh! c'est la gentille veuve, madame Gertrude!
GERTRUDE, *faisant la révérence.*
Oui, monseigneur.
LE BARON.
Et! sa cousine Henriette... (*Elle salue aussi.*)
Plus jolie que jamais,... mariée avant mon départ...
à je ne sais quel... (*Voyant Albert qui salue.*)
Ah... qui... Albert, un de mes gardes-chasse...
que protégeait, je crois...
ALBERT.
Le père Léonard.
LE BARON.
Vieillard respectable... fondateur de l'hospice
des orphelins... le Vincent de Paule du pays!..
(*Aux seigneurs.*) Il parcourt depuis trois mois
l'électorat de Brunswik et de Hanovre... demandant à tous les ducs et princes pour ses pauvres
qui bientôt seront plus riches que nous,... (*A Albert.*) Et il n'est pas encore de retour?..
ALBERT.
Non, monseigneur.
LE BARON, *bas aux seigneurs.*
Tant mieux... il ne nous demandera rien... et
puis une pareille vertu dans mes domaines...
c'es gênant.. ça tient trop de place... il n'y en a
plus pour les plaisirs... et je veux, dès ce soir,
pour mon arrivée... donner un bal au nouveau
château.
GERTRUDE, *aux paysans.*
Qu'est-ce que je disais!.. (*Au baron.*) Un bal
de grandes dames?
LE BARON.
Du tout... ces Messieurs ne sont pas fiers...
nous invitons toutes les personnes de mes domaines.. pourvu qu'elles soient jolies... ce sont
les seuls titres de noblesse qu'on exige.
POTTINBERG, *présentant une chaise.*
Monseigneur veut-il s'asseoir?

LE BARON.
Ah! Pottinberg... le maître d'école... je l'invite
aussi... ainsi que les frères... et les maris. Accompagnement indispensable qui contribuera, par le
contraste, à l'ornement de notre bal... bal champêtre... dans la grande salle du nouveau château...
POTTINBERG, *effrayé.*
La grande salle du nouveau château!
LE BARON.
Sans doute!.. on ne peut pas, la veille de Noël,
donner à danser en plein air.
POTTINBERG, *de même.*
C'est à cause de cela... la veille de Noël!... et
puis les fenêtres .. de la grande salle,.... qui donnent justement sur le cimetière du village...
LE BARON.
Eh bien...
HENRIETTE.
Eh bien... monseigneur a donc oublié ce qu'on
dit dans le pays... sur la veille de Noël.
LE BARON, *souriant.*
Oui... oui... il y a en effet quelque chose que
je ne me rappelle pas bien exactement... et que
tu peux nous redire. (*Montrant les seigneurs qui
l'entourent.*) Ne fut-ce que pour ces Messieurs,
qui sont étrangers!
LÉGENDE.
PREMIER COUPLET.
HENRIETTE.
Quand Noël ramène l'orage
Et blanchit le toit du clocher,
Du cimetière du village
Amis, gardez-vous d'approcher!
De minuit quand l'heure est sonnée,
On voit apparaître soudain
L'ombre de ceux qui dans l'année,
Doivent mourir!.. ah! c'est certain,
C'est dans un gros livre latin!!!
(*Avec force.*)
C'est Noël!!!
(*A demi-voix.*)
Et si vous êtes sage,
Au cimetière du village
La nuit ne portez pas
Vos pas!
CHŒUR, *avec force.*
C'est Noël!!!
(*A demi-voix.*)
Et si vous êtes sage,
Au cimetière de village
La nuit ne portez pas
Vos pas!
DEUXIÈME COUPLET.
ALBERT.
Berthe, si dévote et si sage,
La nuit, dans un fantôme blanc,
Avait cru voir sa propre image,
Ah! grand Dieu! mourir dans un an!
Dès ce jour, et pour faire usage
D'un temps si court, si précieux,

Berthe, jusque là si sauvage,
Prit sur-le-champ un amoureux,
Et même on dit qu'elle en prit deux:
C'est Noël!!! et si vous êtes sage,
 Au cimetière du village
 La nuit ne portez pas
  Vos pas!

CHOEUR.

Tremblez!!! et si vous êtes sage,
 Au cimetière du village
 La nuit ne portez pas
  Vos pas!

TROISIÈME COUPLET.

ALBERT ET HENRIETTE, *disant alternativement un vers, c'est Albert qui commence.*

Notre hôtesse avait pris pour maître
Un vieux jaloux qui la battait!
Elle voulut du moins connaître
Quand son veuvage arriverait!
La nuit de Noël... en cachette,
Ell' vit l'ombre de son mari!..
Soudain et d'espoir stupéfaite,
Elle en eût le cœur si ravi
Qu'ell' mourut de joie avant lui!
C'est Noël!!! et si vous êtes sage,
 Au cimetière du village
 La nuit ne portez pas
  Vos pas!

LE BARON, *gaiement.*

C'est effrayant! c'est juste comme en France... la tradition si authentique de treize à table! signe de mort dans l'année!

POTTINBERG.

Bien plus...

LE BARON, *riant.*

Comment!.. ce n'est pas tout!

POTTINBERG, *d'un ton solennel.*

Si l'ombre apparaît dans la première heure de la nuit... c'est signe qu'on n'a plus que vingt-quatre heures à vivre et qu'on mourra dès le lendemain.

LE BARON.

En vérité!..

POTTINBERG, *avec persuasion.*

C'est connu!.. témoin Barnek, le forestier général, qui l'année dernière est mort le jour de Noël... preuve que son ombre avait apparu la veille.

LE BARON.

C'est évident!..

POTTINBERG.

Pauvre Barnek!.. vous le connaissiez?..

LE BARON.

Cela t'a affligé...

POTTINBERG.

Jusqu'à un certain point... car j'avais depuis longtemps envie de sa place... qui dépend de vous et que je demande aujourd'hui.

ALBERT, *à Pottinberg à demi-voix.*

Et moi qui suis sur les rangs.

POTTINBERG, *lui serrant la main avec affection.*

Entre amis... chacun pour soi et Dieu pour tous, comme on dit, et puis monseigneur m'avait donné en partant.

LE BARON, *regardant Henriette.*

Des instructions.

POTTINBERG, *de même.*

Que j'ai remplies.

LE BARON, *avec joie.*

En vérité!..

POTTINBERG.

Ça mérite récompense.

LE BARON.

Je ne dis pas le contraire... nous verrons, nous examinerons... dans notre justice... et dans notre sagesse... Je vais voir la comtesse ma mère, (*Bas à Pottinberg*) puis je t'attends au nouveau château. (*Aux paysans et aux paysannes.*) Vous, mes amis, à ce soir!

CHOEUR.

Hallali, hallali, saint Hubert nous protége. etc.

(*Le baron sort avec ses amis; les paysans le reconduisent, ainsi qu'Albert et Henriette, jusqu'au dehors de la chambre.*)

SCÈNE VIII.
GERTRUDE, POTTINBERG.

GERTRUDE, *à Pottinberg, qui veut les suivre.*

Un instant, monsieur Pottinberg... ne peut-on savoir pourquoi monseigneur vous a donné tout à l'heure rendez-vous au château que la comtesse, sa mère, vient de faire bâtir?

POTTINBERG.

Monseigneur aime à s'instruire... et moi, maître d'école, qui suis au fait de tout ce qui se passe dans les familles... il m'avait chargé de le tenir au courant à propos d'Albert et de sa femme.

GERTRUDE.

J'y suis! c'est vous qui êtes cause de leur mauvais ménage... c'est indigne!

POTTINBERG, *riant.*

Elle devine tout!.. eh bien! oui... c'est l'intention qui fait mon excuse. Vous ne le croirez pas, madame Gertrude, je vous aime!...

GERTRUDE.

Vous!.. Pottinberg!

POTTINBERG.

A en perdre la tête!.. Il y en a qui disent: cette petite veuve, elle est mauvaise langue, elle est pie-grièche, elle est bigote... je réponds: C'est vrai!

GERTRUDE, *avec colère.*

Par exemple!...

POTTINBERG.

Voilà où est l'amour! Je vous aime tant que j'aime vos défauts; ils font une partie de vous-même, la meilleure parti... et j'y tiens!

GERTRUDE.

Comme aux quatre cents écus de rente que je possède...

POTTINBERG.

Eux aussi!.. tout ça est à vous! et si vous vouliez de moi pour mari...

ACTE I, SCÈNE IX.

GERTRUDE.
Il y a deux ans, je ne dis pas,... vous aviez un patrimoine honnête... une fortune présentable.

POTTINSBERG.
Je crois bien !.. j'étais le plus riche du village.

GERTRUDE.
Mais quand on est dissipateur...

POTTINSBERG.
Au contraire... je serais volontiers économe!!.. et même quelque chose de plus, mais voici l'affaire... je ne la confie qu'à vous. Il y a deux ans, à pareil jour, la veille de Noël, en sortant de souper chez mon compère Barnek, j'avais tellement fait honneur à son vin que j'y voyais trouble, et comme je traversais le cimetière pour rentrer chez moi, voilà que tout à coup j'aperçois dans le bas... à droite... mon ombre... à moi !

GERTRUDE.
A vous !

POTTINSBERG.
A moi-même !.. une figure toute renversée..... la tête en bas... les pieds en l'air... mais c'était bien moi !.., et je me dis en tremblant : C'est fini! je dois mourir dans l'année... je ne peux pas en réchapper... et alors dans ma fureur, dans mon désespoir... pour ne rien laisser à mes héritiers.... je me suis hâté...

GERTRUDE.
De manger tout votre bien.

POTTINSBERG.
J'en ai bu une partie... mais tout y a passé et voilà le plus étonnant c'est qu'à Noël dernier... je vivais encore !

GERTRUDE.
Pas possible !..

POTTINSBERG.
Vous voyez... et cela me paraissait comme à vous, si invraisemblable, que je retournai au même endroit du cimetière... même effet !.. je me revois la tête en bas, les pieds en l'air... mais cette fois je n'avais pas bu, et je reconnus distinctement que j'étais au bord de la petite pièce d'eau.

GERTRUDE.
Qui réfléchissait votre image.

POTTINSBERG.
Justement! Je n'avais pas réfléchi à cela! et menacé ainsi de durer encore longtemps, je n'ai plus qu'une idée, celle de refaire ma fortune. Je suis en train, et si ça vous va, madame Gertrude, monseigneur m'a promis une dot de deux cents florins et la place de forestier général.

GERTRUDE.
A vous ! (*Le regardant.*) Il n'est pas si mal !..

POTTINSBERG.
Il me l'a dit l'année dernière... si je parviens à troubler le ménage d'Henriette et d'Albert.

GERTRUDE, *l'interrompant.*
C'est indigne ! Apprenez, Monsieur, qu'Henriette est ma cousine et mon amie... que je ne veux, ni ne dois entrer dans de pareils complots.

POTTINSBERG.
O ciel !

GERTRUDE.
Et tout ce que je peux faire pour vous... c'est de garder le silence et de rester neutre.

POTTINSBERG.
C'est tout ce que je demande... je n'ai pas grand mal ; car je ne sais pas comment ça se fait, mais ça va tout seul et sans que je m'en mêle. (*Bruit au dehors.*) Ah! tenez, il y a du plaisir à les entendre... (*A Gertrude.*) Eh bien ! voyons, convenons-en... (*Elle fait un signe d'assentiment.*) Oui... oui... est-elle gentille... nous sommes parfaitement assortis... Adieu, madame Gertrude, je cours rejoindre monseigneur. (*Il sort par le fond.*)

~~~~~~~~~~~~~~~~~~~~~~~~~~~~~~~~~~~~~

SCÈNE IX.
GERTRUDE, ALBERT et HENRIETTE, *sortant de la porte à gauche.*

ALBERT.
Tu n'iras pas !

HENRIETTE.
J'irai !...

ALBERT.
C'est ce que nous verrons !

HENRIETTE.
Ah ! tu le verras !

GERTRUDE, *passant entre eux deux.*
Eh bien ! eh bien ! qu'est-ce donc, mes amis? qu'y a-t-il ?

HENRIETTE.
Il y a... qu'il veut m'empêcher d'aller ce soir au bal que donne monseigneur.

ALBERT.
Oui ; la coquette n'y va que pour danser avec monsieur le baron, pour se laisser faire la cour; aussi elle n'ira pas, je le défends.

HENRIETTE.
Défense absurde à laquelle je ne suis pas obligée d'obéir...

GERTRUDE, *entre eux deux.*
Allons, allons, mes amis : il est vraiment heureux pour vous que je sois là...

ALBERT.
C'est qu'il n'y a pas moyen de vivre ainsi.

HENRIETTE.
C'est insupportable !...

ALBERT, *montrant Gertrude.*
Je m'en rapporte à elle.

HENRIETTE.
Moi de même.

ALBERT.
Lequel de nous deux a tort ?

HENRIETTE.
Qu'elle réponde !
ALBERT.
Qu'elle prononce !
HENRIETTE.
J'y consens.
ALBERT.
C'est tout ce que je demande.
TOUS DEUX ENSEMBLE, à *Gertrude*.
Voyons ! parle... parle donc ?
GERTRUDE, *à part*.
Quel embarras... (*Haut.*) A quoi bon m'interroger : vous savez bien, l'un et l'autre, ce que je pense de vos débats.
HENRIETTE.
C'est pour cela...
ALBERT.
Parlez tout haut !
HENRIETTE.
Franchement !
ALBERT.
Il faut que cela finisse !
GERTRUDE.
Eh bien ! c'est justement là mon idée : quand on ne peut pas vivre ensemble, quand la vie est intolérable, il faut se séparer.
TOUS DEUX, *à part avec émotion*.
Comment !...
GERTRUDE.
Sur-le-champ.
ALBERT, *avec dépit*.
A coup sûr, je ne demanderais pas mieux.
HENRIETTE, *de même*.
Et moi, ce serait mon plus grand désir.
ALBERT.
Mais, par malheur, il n'y a pas moyen.
HENRIETTE, *avec un soupir*.
Hélas ! oui... c'est impossible !
GERTRUDE.
Mais du tout.. mariée, l'année dernière, sans le consentement de vos parents, le mariage est nul.
HENRIETTE ET ALBERT.
En vérité !...
GERTRUDE.
Et vous pourrez, quand vous voudrez, le rompre à l'amiable, et comme les meilleurs amis du monde.
ALBERT.
Quant à moi, je ne demande pas mieux que de lui donner cette preuve d'amitié.
HENRIETTE.
Et moi je ne vous contrarierai pas !
ALBERT.
Ce sera donc la première fois.
HENRIETTE.
Je serai donc enfin heureuse !
ALBERT.
Je serai donc enfin libre !...

GERTRUDE.
Vous voyez donc bien que, grâce à moi, vous voilà enfin d'accord... et non sans peine...
HENRIETTE ET ALBERT.
Cette bonne cousine.
GERTRUDE, *à part*.
Enfin je l'emporte !

~~~~~~~~~~~~~~~~~~~~~~~~~~~~~~~~~~~~~~

SCÈNE X.

LES PRÉCÉDENTS, LÉONARD, *paraissant au fond du théâtre. Il a des cheveux blancs, s'appuie sur un bâton, et s'avance lentement.*

HENRIETTE ET ALBERT.
O ciel ! que vois-je ?
GERTRUDE, *à part*.
Ah ! quel fâcheux hasard.
LÉONARD.
Oui, mes enfants, c'est moi..., votre ami Léonard !

CANTABILE.

Village ! objet de ma tendresse,
Village où j'ai reçu le jour,
Que dans ton sein règnent sans cesse
La paix, le bonheur et l'amour !
Puissé-je y voir régner sans cesse
La paix, le bonheur et l'amour !

CAVATINE.

Oui, me voici, mes enfants, me voici !
Près de vous revient un ami !
Si le chagrin , si la misère
Franchit le seuil de la chaumière :
Me voici ! me voici !
Si la haine, si la colère
Arme un frère contre son frère :
Me voici ! me voici !
Et si parfois quelque nuage,
Entre époux, survient en ménage :
Ah ! me voici ! mes enfants, me voici !
Écoutez la voix d'un ami.
Venez tous, venez tous ! hâtez-vous d'accourir !
Je veux, je dois vous secourir,
Et je veux surtout vous chérir.
(*Henriette et Albert s'avancent timidement près de Léonard, pendant que Gertrude se tient à l'écart.*)
HENRIETTE ET ALBERT, *à Léonard*.
Vous voilà donc auprès de nous !
LÉONARD, *entre les deux jeunes gens, et les regardant en souriant*.
Toujours heureux !
HENRIETTE ET ALBERT, *baissant les yeux*.
Oui ! oui ! mon père !
LÉONARD, *de même*.
D'une bonne nouvelle on m'a chargé pour vous ;
Je l'apporte aujourd'hui... car c'est l'anniversaire
De votre mariage !
HENRIETTE ET ALBERT, *à part*.
O ciel !
LÉONARD.
Ce jour si doux,
Comme vous, mes enfants, je crois le voir encore !

(à Albert.)
Je jure, disais-tu, devant Dieu que j'implore,
De protéger, et de chérir toujours
Henriette, mes seuls amours!
ENSEMBLE.
ALBERT, à part.
C'est vrai! c'est vrai! je me rappelle
Le bonheur qui me souriait!
Les vœux que mon cœur proférait.
GERTRUDE, à part.
Maudit vieillard, qui, dans son zèle,
Arrive ici détruire exprès
Le bonheur que j'espérais.
LÉONARD, à Henriette.
Et toi, mon cœur me le rappelle,
Tu me disais : Je lui serai fidèle;
J'obéirai, devant Dieu qui m'entend,
A mon époux, à mon amant.
ENSEMBLE.
HENRIETTE, à part.
C'est vrai! c'est vrai, je me rappelle
Les vœux que mon cœur proférait.
Le bonheur qui me souriait.
GERTRUDE.
Maudit vieillard, qui, par son zèle,
Arrive ici, etc.
(Léonard, qui était entre les deux jeunes gens, les quitte en ce moment et va s'asseoir sur un fauteuil que Gertrude vient de lui offrir. Pendant ce temps, Henriette et Albert se rapprochent peu à peu l'un de l'autre.)
ALBERT, à demi-voix, et baissant les yeux.
Eh! mais...
HENRIETTE, de même.
Albert!
ALBERT, de même.
C'est vrai!
HENRIETTE.
C'est vrai!
TOUS DEUX ENSEMBLE.
Te souviens-tu?
GERTRUDE, à part, les regardant.
C'est fait de nous! tout est perdu!
(Albert et Henriette, qui se sont rapprochés, vont presque se donner la main, lorsque la porte s'ouvre, et paraît Pottinberg. Tous deux s'éloignent aux premiers mots de la scène suivante.)

SCÈNE XI.

ALBERT, HENRIETTE, POTTINBERG, LÉONARD, assis dans le fauteuil à gauche, GERTRUDE, debout devant lui, lui parlant bas et l'empêchant de voir ce qui se passe sur le devant du théâtre.

FINALE.
POTTINBERG, portant un gros bouquet.
On nous attend. Au bal il faut partir!
HENRIETTE, avec joie et vivement.
Au bal!
ALBERT, avec colère.
Au bal!
POTTINBERG.
Voici l'heure qui sonne,
Et monseigneur le baron, en personne,
A la belle Henriette, ici m'envoie offrir
Ce superbe bouquet, le plus beau de sa serre...
GERTRUDE, bas, à Albert.
Prenez bien garde! il a des desseins!
ALBERT, de même.
Je comprends.
POTTINBERG, à Henriette, qui admire le bouquet.
Fleurs rares! quand la neige au loin couvre la terre!
ALBERT, bas à Henriette.
De l'accepter je te défends!
HENRIETTE, prenant le bouquet des mains de Pottinberg.
S'il en est ainsi, je le prends!
ALBERT, de même.
En vain tu me braves tout bas,
Car à ce bal tu n'iras pas.
HENRIETTE, à voix basse, mais s'animant peu à peu.
J'irai! j'irai!
ALBERT, de même.
Tu n'iras pas!
HENRIETTE, de même.
Moi, je le veux!
ALBERT, de même.
Je ne veux pas!
HENRIETTE, parlant plus haut.
J'irai! j'irai!
ALBERT, effrayé, et voulant la faire taire.
Tais-toi!
HENRIETTE, de même.
Je ne veux pas plier!
ALBERT.
Mais devant Léonard!...
HENRIETTE, éclatant.
Devant le monde entier!
(Léonard a écarté Gertrude qui l'empêchait de voir et d'entendre, il s'est levé du fauteuil où il était assis et vient se placer entre Albert et Henriette.)
ENSEMBLE.
HENRIETTE, avec force.
Ah! j'ai du caractère!
Et bien loin de me taire,
Devant la terre entière
Je dirai : Je le veux!
Oui, c'est insupportable!
Je suis trop misérable;
Et du joug qui m'accable
Je briserai les nœuds.
ALBERT, hors de lui.
Voyez quel caractère!
Comment la faire taire?
Redoute ma colère,
Car je suis furieux!
Oui, c'est insupportable!
Je suis trop misérable;
Et du joug qui m'accable
Je briserai les nœuds.
LÉONARD, stupéfait.
D'où vient cette colère?

Que prétendez-vous faire ?
Écoutez ma prière,
Écoutez mes seuls vœux !
Changement incroyable !
Qui de douleur m'accable !
D'un joug insupportable
Vouloir briser les nœuds !

GERTRUDE ET POTTINBERG, à part.
Quelle union prospère !
Quel joli caractère !
Tous deux laissons-les faire ;
On ne ferait pas mieux !

(Haut.)
Ah ! c'est insupportable !
Dans un malheur semblable,
Du joug qui nous accable
Il faut briser les nœuds !

LÉONARD.
Qu'est-ce donc, mes enfants ?

GERTRUDE, à Léonard.
Ils n'osaient l'avouer... pour finir leurs tourments
Ils voulaient divorcer !

LÉONARD, levant les mains au ciel.
Grand Dieu !

GERTRUDE.
Leur mariage
Fut contracté sans l'aveu des parents ;
Et grâce au Ciel, il est nul !

POTTINBERG.
Nul !

LÉONARD.
Non, mes enfants !
Cette bonne nouvelle, et cet heureux message,
Que j'apportais fier et content...
C'est que j'avais fléchi leur cœur inexorable.

HENRIETTE ET ALBERT.
Qu'entends-je ?

LÉONARD.
Oui, mes enfants, votre hymen est valable.
(Montrant Henriette.)
Ses parents ont signé, j'ai leur consentement.

GERTRUDE.
Qu'avez-vous fait ?

ALBERT.
Quel enfer !

HENRIETTE.
Quel tourment !

TOUS.
Enchaînés pour jamais !

HENRIETTE ET ALBERT, avec désespoir.
Pour jamais ! pour jamais !
Ah ! c'en est fait, je sens qu'à présent je te hais !
Je te hais ! je te hais !

ENSEMBLE.

HENRIETTE ET ALBERT.
O comble de misère !
Hélas ! que vais-je faire ?
Quoi ! pour la vie entière
Enchaînés tous les deux !
Supplice insupportable !
Le sort inexorable
Du joug qui nous accable
Ne peut briser les nœuds.

LÉONARD.
Du Dieu qui nous éclaire,
De ce juge sévère
Désarmez la colère,
Ou tremblez tous les deux !
Craignez qu'inexorable,
Son pouvoir redoutable
Ne frappe le coupable,
Et n'exauce ses vœux !

GERTRUDE ET POTTINBERG, à part.
Quelle union prospère !
Quel joli caractère !
Tous deux laissons-les faire ;
On ne ferait pas mieux !
Ménage insupportable !
Dont l'aspect favorable
D'un séducteur aimable,
Doit combler tous les vœux !

GERTRUDE ET POTTINBERG.
Partons ! partons !

HENRIETTE, hors d'elle-même.
Ah ! je suivrai vos pas.

ALBERT, la retenant fortement par le bras.
Non ! non ! je suis le maître !... ici tu resteras.

ENSEMBLE.

HENRIETTE ET ALBERT.
O comble de misère !
Hélas ! que vais-je faire ?
Quoi ! pour la vie entière,
Enchaînés tous les deux !
Supplice insupportable !
Le sort inexorable
Du joug qui nous accable
Ne peut briser les nœuds.

LÉONARD.
Du Dieu qui vous éclaire,
De ce juge sévère
Désarmez la colère,
Ou tremblez tous les deux !
Craignez qu'inexorable
Son pouvoir redoutable
Ne frappe le coupable,
Et n'exauce ses vœux !

GERTRUDE ET POTTINBERG, à part.
Quelle union prospère !
Quel joli caractère !
Tous deux laissons-les faire,
On ne ferait pas mieux !
Ménage insupportable,
Dont l'aspect favorable
D'un séducteur aimable
Doit combler tous les vœux !

(*Albert entraîne presque de force Henriette dans l'appartement à gauche. Gertrude et Pottinberg sortent par la porte du fond, et regardent un instant les deux jeunes gens avec un air de joie et de triomphe. Léonard, debout au milieu du théâtre, aperçoit le mouvement de Gertrude et de son compagnon, lève les yeux au ciel, et fait un geste d'espoir. — La toile tombe.*)

FIN DU PREMIER ACTE.

ACTE DEUXIÈME.

A gauche du spectateur on aperçoit une aile du château dont les croisées sont illuminées. Au-dessous des croisées, une porte. A la suite de la porte plusieurs piliers ou contreforts qui soutiennent les murs du château. A droite du spectateur, sur le premier plan, la tourelle d'un clocher dont la porte est ouverte. Du même côté, sur le second plan, un bosquet de cyprès. Au fond du théâtre, et se perdant dans le lointain, un cimetière de village couvert de neige et semé de distance en distance de bouquets d'arbres verts. La lune éclaire une moitié de la décoration et laisse l'autre dans l'obscurité.

SCÈNE PREMIÈRE.

(Au lever du rideau on entend dans le château, à gauche, un air de valse.

CHŒUR, en dehors.

La valse légère
Aux amours doit plaire,
Et l'hiver préfère
Ce doux passe-temps !
Bonheur de la danse,
Que chacun s'élance
Et brave en cadence
Les sombres autans !

(Gertrude et Pottinberg paraissent au fond du théâtre; venant de la droite, ils sont censés avoir traversé le cimetière et se dirigent vers le château.)

GERTRUDE.

Pour traverser dans les ténèbres
Ces lieux sinistres et funèbres,
Il faut vraiment du cœur !

POTTINBERG.

En sortant du hameau,
C'est le plus court chemin pour aller au château !
(Lui montrant les croisées illuminées.)
Quelle lumière étincelante
Brille dans la salle du bal !

GERTRUDE, s'approchant.

Et puis cette valse enivrante
Ne nous dit rien de bien fatal...
Écoutons !

CHŒUR en dehors, répété par Gertrude et Pottinberg.

La valse légère
Doit plaire aux amants,
Et l'hiver préfère
Ce doux passe-temps !
Bonheur de la danse,
A tes doux accents
On brave en cadence
Les sombres autans !

Entrons !
(Ils vont pour entrer dans le château au moment où sort le baron.)

SCÈNE II.
LE BARON, GERTRUDE, POTTINBERG.

LE BARON.

Ah ! c'est vous, mes amis ?... Eh bien ? Henriette...

POTTINBERG.

Elle ne viendra pas...

LE BARON.

Est-il possible ! Tu ne lui as donc pas porté mon bouquet ?

POTTINBERG.

Si vraiment... C'est lui qui a fait tout le mal... Gertrude vous le dira.

LE BARON.

Son mari a donc lu la lettre que j'y avais glissée ?

POTTINBERG.

Il y en avait une ?

LE BARON.

Oui, sans doute... dans le bouquet.

POTTINBERG.

Ah bien ! il l'aura sentie... ou devinée, car il était furieux... Une scène de ménage... Il a dit à la pauvre Henriette : Tu n'iras pas à ce bal.

GERTRUDE.

Elle a répondu comme de raison : J'irai.

LE BARON.

Je crois bien... je l'attendais.... Je le lui avais dit.

POTTINBERG.

Et alors, sans égard pour le père Léonard, et nous, qui étions là, il l'a emmenée de force dans sa chambre...

GERTRUDE.

Où il l'a enfermée... seule !

LE BARON.

Enfermée !

POTTINBERG.

A double tour.

LE BARON.

Tout est perdu... c'est désolant !

GERTRUDE, froidement.

Au contraire, c'est ce qui peut vous arriver de plus heureux.

LE BARON.

Comment cela ?

GERTRUDE.

Dieu ! si l'on m'enfermait !

POTTINBERG, à part, regardant Gertrude.

Diable... je ne l'enfermerai pas !

LE BARON.

Tu crois !... Au fait, cela double mes chances !
(Ayant l'air de chercher dans sa mémoire.) Attendez donc... La chambre d'Henriette n'est-elle pas une chambre basse ?

POTTINBERG.
Oui, Monseigneur.

LE BARON.
Avec une grande fenêtre?...

GERTRUDE, vivement.
Grillée!

LE BARON.
Dont la grille s'ouvre sur les jardins?

POTTINBERG.
Et dont Albert, le concierge du château, doit avoir seul la clé!

LE BARON, à demi-voix, gaiement.
Non pas! dans un cabinet attenant à ma chambre seigneuriale, il y a le double de toutes les clés du nouveau et de l'ancien château, bien en ordre, bien étiquetées! Celle-là doit s'y trouver.

POTTINBERG.
De sorte qu'Albert aura enfermé sa femme à votre bénéfice!

LE BARON.
C'est admirable! je cours auprès d'elle!

GERTRUDE, lui montrant la porte à gauche.
Et ce bal?

LE BARON.
Je n'y rentrerai pas!

GERTRUDE.
Et que dira-t-on?

LE BARON.
Peu m'importe?... une affaire imprévue... des lettres à écrire!

POTTINBERG, vivement.
À la ville de Brême!

LE BARON.
C'est juste!

POTTINBERG, de même.
Pour ma présentation comme forestier général... vous me l'avez promis, si vous étiez vainqueur... et c'est tout comme!

LE BARON.
C'est vrai!

POTTINBERG, à demi-voix.
Or, de cette place dépend mon mariage avec Gertrude... ici présente... elle ne veut pas à moins!

LE BARON, regardant Gertrude.
En vérité!..

POTTINBERG, de même.
Parce que Gertrude, que j'aime... l'amour avant tout, a quatre cents écus de rentes... ça vaut mieux que moi... qui n'ai rien; mais forestier général, j'en aurais huit cents et je vaudrais mieux! (Geste d'impatience de Gertrude.) Mais l'amour ne calcule pas!.. et puis ça fera douze cents...

LE BARON.
Sans compter que Gertrude est charmante! mais charmante... autant pour le moins qu'Henriette...

POTTINBERG.
N'est-ce pas?

GERTRUDE, baissant les yeux en minaudant.
C'est ce que je me suis dit quelquefois!

LE BARON, avec chaleur.
Et moi de même!.. (A Pottinberg et regardant toujours Gertrude.) Tu auras la place de forestier général... et je veux que votre mariage soit célébré dès demain...

GERTRUDE, jouant la pudeur.
Dès demain... si promptement!

POTTINBERG.
Le plus tôt vaut le mieux!.. quand on s'aime!.. (Au baron.) A demain donc... de bon matin.

LE BARON.
Je veux de plus y assister... moi-même!

POTTINBERG.
Dieu! quel honneur!

LE BARON, avec fatuité.
Mais cependant ne m'attendez pas... il est possible que je sois retenu...

POTTINBERG.
Je comprends!

LE BARON, leur montrant la porte à gauche.
Allez toujours à ce bal!

POTTINBERG.
Qui sera, comme qui dirait celui nos noces... et demain... la noce... la vraie noce... cela me convient, ma petite femme...

GERTRUDE, avec fierté et retirant sa main que Pottinberg veut prendre.
Monsieur Pottinberg!

POTTINBERG, s'excusant.
Je dis seulement... ça me convient. (Pottinberg entre avec Gertrude dans le château à gauche.)

SCÈNE III.

LE BARON, seul.

Et à moi aussi!... parce qu'après tout Henriette ne m'enchaînera pas éternellement, et alors cette petite Gertrude pourrait bien plus tard... et même dès à présent!... pourquoi pas?

PREMIER COUPLET.

Nargue de ces amants fidèles
Dont le cœur n'a qu'un sentiment!
Adorer à la fois deux belles
Est bien plus doux et plus prudent!
Des caprices de la fortune
On défie ainsi les rigueurs!
Et si l'on est quitté par l'une,
L'autre est là pour sécher vos pleurs.
  Allons, tout me l'ordonne,
  Que l'amour et l'honneur
  D'une double couronne
  Ceignent mon front vainqueur!

DEUXIÈME COUPLET.

Le timide soldat qui tremble
Se demande : Combien sont-ils ?
Moi, sans compter, j'affronte ensemble
Tous les amours, tous les périls !
Tel jadis dans notre Allemagne
A brillé Frédéric-le-Grand ;
Comme lui, dans cette campagne,
Je dirai, nouveau conquérant :
  Allons, tout me l'ordonne,
  Que l'amour et l'honneur
  D'une double couronne
  Ceignent mon front vainqueur !

Et pour commencer, courons consoler ma belle captive !

SCÈNE VI.

LE BARON, HENRIETTE.

LE BARON, *qui a fait quelques pas pour sortir, s'arrête.*

Que vois-je?.. eh non..., je ne me trompe pas... celle que j'allais chercher... Henriette s'offre elle-même à mes yeux !.. (*Allant à elle.*) Mon enfant...

HENRIETTE.

Ah ! c'est vous, Monseigneur...

LE BARON.

On me disait que vous étiez enfermée ?

HENRIETTE.

Oui... dans ma chambre...

LE BARON.

Dont la fenêtre avait une grille...

HENRIETTE.

Quelle indignité !

LE BARON.

Et cette grille, votre mari en avait la clé ?

HENRIETTE.

Mais je savais où il la cachait... Je l'ai prise... j'ai ouvert... et je suis partie !

LE BARON.

Pour venir à ce bal ?

HENRIETTE.

Du tout... mais pour aller demander conseil...

LE BARON.

A qui donc ?

HENRIETTE, *montrant le côté droit.*

Là... à la chapelle !..

LE BARON.

Et que voulez-vous faire ?

HENRIETTE.

Je n'en sais rien encore... mais ça ne peut pas se passer comme ça...

DUO, *agité.*

HENRIETTE.

Il m'a battue !.. il m'a battue !!!
A ce point, oser m'outrager,
J'en suis encore toute émue,
Et je jure de me venger !

LE BARON, *à demi-voix.*

C'est très bien... mais modérez-vous ?

HENRIETTE, *sans l'écouter.*

Il m'a battue ! il m'a battue !!!

LE BARON, *de même.*

Dissimulez votre courroux !

HENRIETTE, *de même, avec une colère concentrée.*

Il m'a battue ! il m'a battue !!!
Je ne puis plus souffrir sa vue !
Et ne pouvoir nous séparer !

LE BARON, *à demi-voix.*

Près de lui pourquoi demeurer ?

HENRIETTE.

Oui, oui, pour punir le perfide,
Vous dites vrai, je veux le fuir !

LE BARON.

Dès ce soir même il faut partir,
C'est moi qui serai votre guide !

HENRIETTE.

Vous, monseigneur, être mon guide ?

LE BARON.

Sans intérêt, je le promets !

HENRIETTE.

Tous mes devoirs je les connais,
Et j'y serai fidèle... mais...
Il m'a battue ! il m'a battue !!!
A ce point oser m'outrager.
J'en suis encore toute émue !
Et je jure de me venger !

LE BARON, *avec joie et à part.*

De quel courroux elle est émue !
C'est à moi de l'encourager !
(*Haut.*)
Quand un mari vous a battue
Tout est permis pour se venger !

HENRIETTE.

Oui, je veux quitter le village !

LE BARON.

Vous dites vrai, l'honneur vous ordonne de fuir !
Eh bien... je vous emmène et dans mon équipage...

HENRIETTE.

Où donc ?

LE BARON.

Dans un séjour, qu'on ne peut découvrir !
Et chez une parente âgée et respectable !

HENRIETTE, *hésitant.*

Oui... mais...

LE BARON.

De vous venger, vous vous croyez capable !
Et vous hésitez encor...

HENRIETTE.

Moi !

LE BARON.

Et déjà vous tremblez d'effroi !...

ENSEMBLE.

HENRIETTE.

Il m'a battue ! il m'a battue !
C'en est fait, c'est trop m'outrager,

J'en suis encore toute émue !
Et je jure de me venger !
LE BARON, à part.
De quel courroux elle est émue !
C'est à moi de l'encourager !
(Haut.)

Quand un mari vous a battue
Tout est permis pour se venger !

SCENE V.

LES PRÉCÉDENTS, LÉONARD, *sortant du château à gauche, aperçoit Henriette et le baron, s'arrête près d'un des piliers ou contreforts qui le cachent et écoute.*)

STRETTE DU DUO.
ENSEMBLE.

Eh bien ! dans $^{mon}_{son}$ dépit
C'est convenu, c'est dit ;
Dans l'ombre de la nuit
Tous deux, partons sans bruit !
LE BARON.
Oui, nous partons dans un instant !
HENRIETTE.
Dans un instant !
LE BARON.
Eh ! oui, vraiment !
Il faut d'abord et prudemment
S'occuper du départ, commander ma voiture !
HENRIETTE.
Est-ce bien long ?
LE BARON.
Non, je vous jure !
Dans une demi-heure ici... je reviendrai !
HENRIETTE.
Que faire ? jusque-là...
LE BARON, *avec embarras.*
C'est juste !
HENRIETTE, *montrant la droite.*
Je prierai.
Dans la chapelle...
LE BARON.
Bien !

ENSEMBLE.

LE BARON.
Oui, l'amour nous conduit :
C'est convenu, c'est dit !
Dans l'ombre de la nuit
Nous partirons sans bruit.
HENRIETTE.
Oui, le ciel me conduit :
C'est convenu, c'est dit !
Dans l'ombre de la nuit
Nous partirons sans bruit.

(*A la fin de ce duo, et pendant que le baron et Henriette disparaissent dans le bosquet de cyprès à droite, Léonard s'avance au milieu du théâtre.*)

LÉONARD.
Qu'ai-je entendu ?...
HENRIETTE, *poussant un cri.*
Ah ! l'on a marché !... (*Au baron.*) Restez ! Restez... qu'on ne nous voie pas ensemble... (*Elle s'élance dans la chapelle au fond à droite et disparaît.*)
LE BARON, *dans le bosquet de cyprès, redescendant le théâtre et regardant à travers les arbres.*
Le père Léonard qui sort du château... évitons sa rencontre...
LÉONARD, *qui a remonté le théâtre, et qui semble suivre Henriette des yeux.*
Elle entre dans la chapelle !
LE BARON, *indiquant Léonard.*
Attendons qu'il soit parti... (*Montrant la tourelle à droite qui est sur le premier plan.*) Ah ! là... dans la tourelle du clocher ! (*Il sort vivement.*)

SCENE VI.

LE BARON, *dans la tourelle à droite*, LÉONARD, *puis* ALBERT.

LÉONARD, *redescendant le théâtre et montrant la tourelle vers laquelle il se dirige.*
C'est là que s'est réfugié l'ennemi... et Henriette !... (*Entendant marcher et se retournant.*) Son mari !... (*Allant à lui.*) Albert en ces lieux !..
ALBERT.
Ah ! c'est vous, monsieur Léonard ?..
LÉONARD.
Où vas-tu ?..
ALBERT.
Vous le voyez bien... à ce bal où je suis invité.
LÉONARD.
Il me semble cependant que tu avais défendu à ta femme d'y aller ?
ALBERT.
Et j'avais bien raison.
LÉONARD.
Pourquoi alors... y vas-tu seul... sans elle ?... il me semble que ce n'était pas ainsi... autrefois !
ALBERT.
Ah ! c'est qu'autrefois... ma femme m'aimait... et qu'à présent... elle en aime un autre... elle est infidèle.
LÉONARD.
Non ! non !..
ALBERT.
J'en ai l'aveu... d'elle-même.
LE BARON, *entr'ouvrant la porte et apercevant Léonard qui cause avec Albert.*
Encore là !...
ALBERT.
Sans cela !.. est-ce que j'aurais pu le croire... Mais ce cadeau si élégant... ce bouquet si rare... envoyés par le baron...
LÉONARD.
Ne renfermait qu'une idée de galanterie.

ALBERT.

Il renfermait autre chose... un billet dont je ne me serais jamais douté... C'est elle qui l'a vu, qui l'a pris avec joie, qui me l'a fait lire... « Il m'aime, « vois-tu bien... il me l'écrit... Et moi aussi, a-t-« elle continué, je l'aime... je l'adore... et depuis « longtemps ! »

LE BARON, *à part, entrouvrant toujours la porte.*

Quel bonheur !.. d'apprendre cela du mari lui-même.

ALBERT.

Dans ce moment-là, ça a été plus fort que moi.. je n'ai pu maintenir ma colère... j'ai levé la main sur elle.

LÉONARD.

Toi !

ALBERT.

Oui... oui... c'est mal... Je le sais... c'est indigne... Jamais je ne me le pardonnerai !.. Mais ce n'est pas sur elle que devait tomber ma colère... Je l'ai laissée enfermée à la maison.

LÉONARD.

Ah ! elle y est encore !

ALBERT.

Oui... Enfermée dans sa chambre, pendant qu'elle me croit endormi dans la mienne... C'était nécessaire... parce que moi... comme je vous l'ai dit, j'avais pris le parti de venir à ce bal... Où est monsieur le baron... et j'y vais.

LÉONARD.

Et que veux-tu lui dire ?

ALBERT.

Rien !.. je veux le tuer !

LE BARON, *refermant brusquement la porte de la tourelle.*

Ah ! mon Dieu !

ALBERT.

Et puis... on n'entendra plus parler de moi... je ne reverrai plus jamais ni Henriette, ni le village.

LÉONARD.

Et moi... moi donc...

ALBERT.

Ah ! vous avez raison !.. je suis un ingrat !

LÉONARD.

Non... mais un insensé !.. Rien ne me prouve encore qu'Henriette soit coupable ! (*Geste d'impatience d'Albert.*) Si elle l'était, elle ne s'accuserait pas ainsi elle-même !

ALBERT, *vivement.*

Vous croyez ?

LÉONARD.

Il n'y a là que du dépit... de la colère !

ALBERT, *de même.*

Ah ! s'il était vrai !..

LÉONARD.

Et avant de t'en assurer, tu aurais commencé par déshonorer et perdre aux yeux de tous celle que tu devrais protéger et défendre !

ALBERT.

Que faire alors ?

LÉONARD.

M'obéir... comme autrefois ! Écoute-moi... Pour faire taire la médisance, tu vas paraître à ce bal... quelques instants seulement... et demain, je te parlerai à toi et à ta femme... Va ! va !

ALBERT.

J'obéis, mon père, j'obéis... vous le voyez. (*Il entre dans la salle du château à gauche, sur la ritournelle du morceau suivant.*)

~~~~~~

SCÈNE VII.

LÉONARD, *seul.*

RÉCITATIF.

Couple aveugle, imprudent, qui dans sa frénésie,
Va courir à sa perte et qu'il faut arrêter,
Surtout lorsque je vois qu'une main ennemie
Sème entre eux la discorde afin d'en profiter !
(*Il va à la tourelle, en ferme la porte, et retire la clef qu'il garde.*)

AIR.

Du danger qui les environne
Sauvons-les, mon cœur me l'ordonne...
Et Dieu me dit du haut des cieux :
Protége-les... veille sur eux...
(*En ce moment le baron frappe en dedans à la porte de la tourelle.*)

LÉONARD.

Bon, bon, bon, bon,
Peu m'importe ce carillon...
Vous aurez beau frapper, je vous tiens en prison.
Vous passerez cette nuit en prison,
  Monsieur le baron...

CAVATINE.

Conquérant invincible,
Dormez, dormez paisible,
Rêvez, s'il est possible,
Un triomphe éclatant !
Vous qui tournez les têtes,
Séducteur que vous êtes...
Vous n'aurez de conquêtes,
Cette nuit, qu'en dormant...
Monsieur le conquérant,
Reposez-vous, grand conquérant...
  (*Écoutant.*)
Le voilà plus calme, et j'espère
Qu'il se résigne à sa prison !
C'est bon... c'est bon... demain avec sa mère
Nous traiterons du prix de sa rançon...
Conquérant invincible,
Dormez, dormez paisible,
Rêvez, s'il est possible,

Un triomphe éclatant !
Vous qui tournez les têtes,
Séducteur que vous êtes...
Vous n'aurez de conquêtes,
Cette nuit, qu'en dormant...
Monsieur le conquérant.
Reposez-vous, grand conquérant...

(Il regarde en souriant la clé de la tourelle qu'il tire de sa poche et disparaît par le fond du théâtre à gauche, pendant qu'Henriette, sortant de la chapelle qui est au fond à droite, s'avance sur la pointe du pied et avec précaution jusqu'au milieu du théâtre.)

SCÈNE VIII.

HENRIETTE, *seule, regardant autour d'elle.*

AIR.

Ah ! qu'il fait froid.. ah ! qu'il fait froid..
Mon trouble à chaque instant s'accroît...
Je meurs de peur... je meurs de froid...
(Grelottant et soufflant dans ses doigts.)
Ah ! ah ! ah ! ah ! qu'il fait froid...
(Regardant du côté de la chapelle.)
J'ai dû quitter cette sainte demeure...
(Regardant de l'autre côté.)
Il avait dit : Dans une demi-heure...
Elle est passée .. et depuis bien longtemps !
Et je suis seule... et j'attends... oui, j'attends !
D'un grand seigneur est-ce l'usage ?
Ah ! c'est bien mal... lui qui devrait
Le bon exemple.. Ah ! si c'était
Un simple amoureux du village
Depuis longtemps il m'attendrait...
Ah ! qu'il fait froid... ah ! qu'il fait froid...
Mon trouble à chaque instant s'accroît...
Je meurs de peur... je meurs de froid...

(Regardant autour d'elle avec terreur.)
Et seule dans ce lieu sauvage...
Lorsque vient de sonner minuit...
Si j'allais voir, comme on le dit,
L'ombre de quelqu'un du village.

(S'éloignant avec crainte et s'avançant au bord du théâtre.)
Ah ! mon trouble s'accroît,
Ça commence... il me semble.
Car d'avance je tremble...
Oui, je tremble... je tremble...
Et ce n'est plus de froid...

(Elle remonte de quelques pas et s'aperçoit que la neige tombe de nouveau.)
Sur moi je sens tomber la neige...
(Regardant vers le fond si le baron arrive.)
S'il ne vient pas comment donc partirai-je ?
Pour l'attendre promenons-nous.
Allons, promenons-nous.
Ah ! qu'il est doux... ah ! qu'il est doux
De donner des rendez-vous...

Elle a disparu dans le fond vers la gauche en allant au-devant du baron.)

SCÈNE IX.

ALBERT, *sortant de la porte du château à gauche.*

Sortons de ce château, j'y suis assez resté !
De ma promesse je suis quitte !
(Regardant autour de lui.)
Retournons au logis... traversons au plus vite
Ce lieu sinistre et redouté !

DUO.

Sous ce feuillage funéraire,
Malgré moi j'avance en tremblant,
Je crains que du sein de la terre
N'apparaisse un fantôme blanc !
A chaque tombe, à chaque pierre,
Je crois voir un fantôme blanc !
(Il passe à droite sous le bosquet de cyprès qu'il traverse et se dirige vers le fond du théâtre, pendant qu'Henriette, sortant de la gauche, se dirige aussi en ce moment vers le fond; tous deux se rencontrent au milieu de la scène. Ils sont vêtus de blanc, couverts de neige, la lune éclaire leurs visages pâles. Tous les deux poussent un cri et ferment les yeux.)

ALBERT.
Ah ! l'ombre de ma femme...

HENRIETTE.
L'ombre de mon mari...
(Tous deux redescendent rapidement le théâtre; Albert rentre dans le bosquet de cyprès, à droite, et Henriette s'est rapprochée de la porte du château à gauche.)

HENRIETTE, *tombant sur le banc de pierre près le pilier ou contre-fort qui la cache.*
L'effroi glace mon âme...

ALBERT.
Je reste anéanti...

ENSEMBLE, *tombant à genoux.*
De terreur je frissonne,
La force m'abandonne,
Que le ciel me pardonne,
Je l'implore à genoux...
(En ce moment le vent souffle avec violence.)
Ah ! j'entends la tourmente
Qui souffle menaçante...
Ombre qui m'épouvante,
Désarme ton courroux...

ALBERT *se hasarde à retourner la tête et à s'avancer vers le fond du théâtre.*
Comme un souffle léger son ombre est disparue !
(Il traverse le théâtre et disparaît un instant par la gauche.)

HENRIETTE, *toujours assise près du pilier à gauche qui la cache.*
Son ombre menaçante a fui loin de ma vue !
Courons à la chapelle !..
(Elle quitte le pilier à gauche, traverse le théâtre et va se réfugier sous le bosquet à droite, où elle s'arrête un instant en s'appuyant contre la porte du clocher.)

ALBERT, *qui est redescendu du fond à gauche vers le pilier sur le devant du théâtre à gauche.*
Mais c'était son image... ah! je l'ai reconnue...
HENRIETTE.
C'était bien son fantôme, et j'en frémis, grands dieux!
Tant il avait, hélas! l'air pâle et malheureux...
ENSEMBLE, *et toujours immobiles à la même place.*
De terreur je frissonne,
La force m'abandonne,
Que le ciel me pardonne,
Je l'implore à genoux!
Ah! j'entends la tourmente
Qui souffle menaçante,
Ombre qui m'épouvante
Désarme ton courroux...
(*On entend en ce moment le baron qui sonne dans l'intérieur du clocher*).
HENRIETTE ET ALBERT, *écoutant.*
Dieu! qu'entends-je? ô terreur extrême...
La cloche sonne d'elle-même...

HENRIETTE, *à part.*
Miracle effrayant et nouveau!
ALBERT, *à part.*
Je n'oserai plus, je l'atteste,
Retraverser ce lieu funeste...
Sortons, sortons par le château!
(*L'orage et le son des cloches redoublent.*)
ENSEMBLE, *dans le plus grand effroi.*
Oui, oui, la cloche sonne,
L'éclair au loin sillonne,
Le ciel qui gronde et tonne...
Mon Dieu, pardonnez-nous!
Ah! ma frayeur augmente,
Vision menaçante,
Ombre qui m'épouvante,
Désarme ton courroux!
(*Albert épouvanté se précipite à gauche dans le château. Henriette, dans le bosquet de cyprès, chancelle et tombe évanouie sur les marches du clocher. La toile tombe.*)
FIN DU DEUXIÈME ACTE.

ACTE TROISIÈME.

Une salle basse, porte au fond. Une horloge en bois attachée à un des panneaux du fond. Porte à gauche et à droite. Au fond, au dessous de l'horloge un buffet, à gauche, une table, des fauteuils.

SCÈNE PREMIÈRE.

POTTINBERG, GERTRUDE, *en habits de mariés.*
POTTINBERG, *en entrant.*
Personne chez Albert... Nous voilà donc mariés! vous voilà donc madame Pottinberg!
GERTRUDE.
Oui, monsieur Pottinberg!.. depuis ce matin!.. (*Avec un soupir.*) Il n'y a pas à s'en dédire...
POTTINBERG.
Vous me dites cela d'un air...
GERTRUDE.
Grave!.. Le mariage donne des idées graves, et je ne conçois pas que monseigneur, qui nous avait promis de nous honorer de sa présence... (*Vivement et d'un air dédaigneux.*) Non pas que j'y tienne!.. mais cela aurait fait enrager tant de gens dans le village!..
POTTINBERG.
Permets donc!.. il t'avait dit...
GERTRUDE, *avec aigreur.*
Je vous prie de ne pas me tutoyer...
POTTINBERG.
Le matin de notre mariage!..
GERTRUDE.
C'est justement pour cela!.. C'est d'une inconvenance!..
POTTINBERG.
Je comprends!.. c'est trop tôt!..
PREMIER COUPLET.
GERTRUDE.
Dans mon mari, quoi qu'il arrive,
Je veux des égards, du respect;
Que jamais sa gaieté trop vive
Ne se permette un mot suspect.
Ce mot *toi* me semble une injure,
Même de la part d'un époux;
Et je ne connais, je vous jure,
Que *toi* d'aussi hardi que vous,
Entendez-vous?
Monsieur, m'entendez-vous!

DEUXIÈME COUPLET.
POTTINBERG.
Je sais, dans le fond de mon âme,
Tout le respect que je vous dois;
Mais pourtant vos attraits, Madame,
Sur mon cœur ont aussi des droits!
Ce mot *toi*, loin d'être une injure,
En ce jour me semble bien doux,
Et je ne connais, je le jure,
Que *toi* d'aussi joli que vous!
Entendez-vous?
Madame, entendez-vous?..

(*Gracement.*) Enfin, je vous disais donc, madame Pottinberg, que monseigneur avait ajouté : « Si je ne suis pas retenu!.. »
GERTRUDE, *sèchement.*
Il suffit!
POTTINBERG, *d'un air malin.*
Il paraîtrait alors qu'il l'a été...
GERTRUDE, *de même.*
Cela suffit, vous dis-je; je n'ai pas besoin de vos observations!
POTTINBERG.
Je les garde alors, et c'est dommage! car j'en avais une extrêmement piquante.

GERTRUDE.
Laquelle ?

POTTINBERG.
C'est qu'Albert et Henriette, que j'avais fait prévenir de notre mariage, n'y ont pas assisté non plus.

GERTRUDE.
Croyez-vous que je ne l'aie pas vu ! Vous avez voulu leur faire notre visite de noce... sans doute pour les remercier de cette impolitesse !

POTTINBERG, *à voix basse et avec curiosité.*
Non !.. mais pour savoir...

GERTRUDE.
Quoi ?

POTTINBERG.
Ce qui est arrivé !.. car il a dû arriver quelque chose... par suite de l'entrevue de monseigneur... et d'Henriette... (*Prêtant l'oreille.*) Écoutez-donc ! est-ce qu'on ne se dispute pas ?

GERTRUDE.
Non !

POTTINBERG.
Quel calme !

GERTRUDE.
Quel silence !

POTTINBERG.
Ça n'est pas naturel... Qu'est-ce que je vous disais ? le ménage se dérange... cela va mal... Il s'est passé cette nuit dans le village quelque chose d'extraordinaire, de fantastique et d'inconcevable ! D'abord la cloche du presbytère a sonné toute la nuit....

GERTRUDE.
Je l'ai entendue.

POTTINBERG.
Je le tiens de Péters, qui est à la fois le bedeau et le sonneur, et qui n'a pas bougé de son lit, la cloche a sonné d'elle-même, ce qui est, dit-on dans le pays, un signe de malheur.

GERTRUDE.
Vous croyez !

POTTINBERG.
La preuve, c'est que M. le baron n'était pas encore ce matin rentré au château... où tout le monde est dans l'inquiétude...

GERTRUDE.
Oh ! je saurai ce que cela signifie ! (*Montrant la porte à droite du spectateur.*) De ce côté est la chambre d'Albert. (*Montrant la porte à gauche.*) Par ici celle de sa femme... (*Regardant par la porte qu'elle vient d'ouvrir.*) Eh mais, personne !..

POTTINBERG.
C'est bien la chambre à coucher d'Henriette ?

GERTRUDE.
Sans doute !

POTTINBERG.
Donnant sur le jardin ?

GERTRUDE, *avec impatience.*
Eh oui !

POTTINBERG.
Par cette fenêtre grillée...

GERTRUDE, *regardant toujours.*
Je la vois d'ici...

POTTINBERG, *souriant avec malice.*
Dont monseigneur a la clé, c'est par là qu'il s'est introduit... et qu'il l'aura enlevée... c'est évident !

GERTRUDE, *avec dépit.*
Ah ! c'est scandaleux !.. Une femme mariée se laisser enlever ! !

POTTINBERG.
Cela s'est vu !.. Après cela... on peut toujours en répandre le bruit... dans le village ! Si ça ne fait pas de bien...

GERTRUDE.
Ça ne peut pas faire de mal !

POTTINBERG.
Au contraire !.. cela peut leur en donner l'idée... à tous deux !.. j'ai vu des choses qui n'étaient pas et qui sont arrivées... parce que je les avais dites.... témoin la femme du percepteur... qui l'année dernière, n'avait pas un amant... pas un seul !.. Et maintenant... vous voyez !

GERTRUDE.
C'est vrai !

POTTINBERG.
Mais ici, tout porte à croire que monseigneur court réellement sur la grande route, en chaise de poste.

GERTRUDE, *poussant un cri.*
Ah ! mon Dieu !..

POTTINBERG, *étonné.*
C'est lui !

SCENE II.
GERTRUDE, LE BARON, POTTINBERG.

TRIO.

GERTRUDE ET POTTINBERG.
Quoi ! c'est vous !

LE BARON.
Oui, c'est moi, silence, je vous prie !

GERTRUDE.
D'où vient donc votre seigneurie ?

LE BARON.
Je viens de ce clocher maudit
Où j'ai passé toute la nuit !
Et c'est devant tout le village,
Qu'à l'instant même Léonard
M'est venu tirer d'esclavage !
Maudit vieillard ! maudit hasard !

ENSEMBLE.

LE BARON.
Nuit terrible ! nuit fatale !

ACTE III, SCÈNE II.

De cette cloche infernale
Je crois entendre le son,
Qui me donne le frisson !
Dig don ! dig don ! dig don !
Oui, de fatigue et de rage,
J'en suis encor tout en nage ;
Quel métier pour un seigneur
Que le métier de sonneur !
Dig don, dig don, dig don !
C'est à perdre la raison !

GERTRUDE ET POTTINBERG.

Nuit terrible ! nuit fatale !
De cette cloche infernale
Il croit entendre le son,
Qui lui donne le frisson !
Dig don, dig don, dig don !
Oui, de fatigue et de rage,
Il est encor tout en nage !
Quel métier pour un seigneur
Que le métier de sonneur !
Dig don, dig don, dig don !
Il en perdra la raison !

GERTRUDE ET POTTINBERG.

Comment ça s'est-il fait ?

LE BARON, *avec embarras.*
     Par une circonstance
Inutile à vous dire !.. Enfin et malgré moi,
J'ai dû de Léonard acheter le silence !
Et payer ma rançon en subissant sa loi ;
Je prendrai ma revanche !.. et d'abord dites-moi,
Henriette ?

GERTRUDE.
  On ne sait ce qu'elle est devenue !

POTTINBERG.
Je croyais qu'avec vous elle était disparue !

LE BARON, *à demi-voix en confidence.*
Oui vraiment ! son mari d'abord l'avait battue !

GERTRUDE ET POTTINBERG, *avec joie.*
Quoi ! battue !

LE BARON.
   Oui battue !!

GERTRUDE, *levant le poing au ciel.*
Ah ! si l'on me battait ! !

LE BARON.
     Et, chose convenue,
Je devais l'enlever !

POTTINBERG, *à Gertrude.*
  Je vous l'avais bien dit !

LE BARON.
Mais lasse de m'attendre au rendez-vous... la nuit...
Elle sera partie !

POTTINBERG.
  Où donc ?

LE BARON.
     Dans le village
Elle a trouvé moyen de se cacher...
  (*A Pottinberg.*) Et toi,
Il faut me la trouver... lui donner un message...
    (*Il se met à la table et écrit.*)
Au plus tôt... car hier... la nuit... dans son effroi,
La pauvre enfant attendait !.. comme moi !..

  (*Cachetant la lettre qu'il vient d'écrire.*)
Pour ce soir... à minuit un nouveau rendez-vous !
  (*Tirant une autre lettre de sa poche.*)
Et j'ai là le moyen d'éloigner son époux !
  (*A Pottinberg lui remettant le billet.*)
Cette lettre à la femme !...
  (*Remettant un papier sous enveloppe à Gertrude.*)
    Et quant à celle-ci...
    (*A part avec colère.*)
  Bien malgré moi...

GERTRUDE.
    Pour qui ?

LE BARON.
  Pour son mari !

ENSEMBLE.

LE BARON, *avec colère.*

Vengeance ! vengeance !
Ta douce espérance
Fait déjà d'avance
Tressaillir mon cœur !
J'attends sans alarmes
L'instant plein de charmes
Qui doit à mes armes
Rendre enfin l'honneur !

GERTRUDE ET POTTINBERG.

Vengeance ! vengeance !
Ta douce espérance
Fait déjà d'avance
Tressaillir son cœur !
Il voit sans alarmes
L'instant plein de charmes
Qui doit à ses armes
Rendre enfin l'honneur !

POTTINBERG.
Mais à moi, monseigneur..

LE BARON.
    Quant à toi, je t'accorde
    (*Regardant Gertrude.*)
Ma plus haute faveur ! mais continue ainsi...

POTTINBERG.
Je le jure !...

LE BARON.
  A semer entre eux la discorde
    (*A part.*)
Et ce qu'il fait pour eux... je le ferai pour lui !

ENSEMBLE.

LE BARON.

Vengeance ! vengeance !
Ta douce espérance
Fait déjà d'avance
Tressaillir mon cœur !
J'attends sans alarmes
L'instant plein de charmes
Qui doit à mes armes
Rendre enfin l'honneur !

GERTRUDE ET POTTINBERG.

Vengeance ! vengeance !
Ta douce espérance

Fait déjà d'avance
Tressaillir son cœur !
Il voit sans alarmes
L'instant plein de charmes
Qui doit à ses armes
Rendre enfin l'honneur !
(*Le baron sort par la porte du fond.*)

SCÈNE III.
GERTRUDE, POTTINBERG.

POTTINBERG.

Vous avez entendu !.. il m'accorde sa plus haute faveur...

GERTRUDE, *rêveuse*.

Oui !.. j'ai cru comprendre !..

POTTINBERG.

A condition de continuer à attiser le feu... moi qui le ferais pour rien... et en amateur ! Il s'agit pour cela...

GERTRUDE, *retournant la lettre qu'elle tient.*

De remettre ceci... à Albert... un grand cachet rouge... Cette grande lettre (*Montrant le papier que tient Pottinberg.*), ce petit billet... qu'est-ce que cela signifie ?

POTTINBERG, *de même, retournant sa lettre.*

Ça... monseigneur nous l'a dit... (*A demi-voix à sa femme.*) Un rendez-vous qu'il lui demande ! pour ce soir... à minuit.

GERTRUDE, *vivement.*

Très bien... c'est-à-dire, très bien.... Et vous lui remettrez cette lettre... à elle !

POTTINBERG.

Si je le peux !.. car le difficile maintenant, c'est de retrouver Henriette ! Chez qui se sera-t-elle réfugiée dans le village ? qui aura osé lui donner asile ? Parce qu'enfin, qu'elle ne soit pas enlevée .. je le veux bien... mais quitter le toit conjugal... c'est grave... (*Voyant la porte à droite qui s'ouvre et Henriette qui paraît.*) O ciel !

SCÈNE IV.
GERTRUDE, POTTINBERG, *se tenant à l'écart*; HENRIETTE.

HENRIETTE, *s'avançant en rêvant au bord du théâtre.*

Je ne puis revenir encore de cette terrible apparition !.. Je n'en ai parlé à personne qu'au père Léonard !.. Et quand je pense que mon mari... que ce pauvre Albert n'a plus que cette journée à passer auprès de moi... cette seule journée qui est déjà bien avancée !.. Ah ! je n'ai plus la force de me rappeler qu'il m'a battue ! je ne me rappelle plus rien que mes torts à moi... (*Hésitant.*) Car je crois que j'en avais... (*Vivement.*) Moins que lui ! bien moins !.. Mais j'en avais !.. et depuis ce matin, comme par un fait exprès... il est si prévenant... si aimable... si tendre... Ah ! s'il avait toujours été comme ça. (*Essuyant une larme et se retournant.*) O ciel !... vous étiez-là, mes bons amis... Pardon de n'avoir pu assister ce matin à votre bonheur.

GERTRUDE.

Cela m'a fait de la peine... parce que, de tout le village, toi seule y manquais...

POTTINBERG.

Et qu'on l'a remarqué !..

HENRIETTE.

Albert était souffrant, et je suis restée dans sa chambre... près de lui à travailler...

POTTINBERG.

Toute la matinée !

HENRIETTE.

Il m'en avait priée !

POTTINBERG.

Quelle tyrannie !.. et vous avez eu la faiblesse de le regarder... de lui parler !..

HENRIETTE, *comme pour se justifier.*

C'est vrai !.. Mais... je ne l'ai pas tutoyé...

POTTINBERG.

Comme dans notre ménage... Allez, vous êtes trop bonne... lui qui s'est conduit d'une manière si indigne... Lui qui vous a battue, nous le savons... tout le monde le sait.

HENRIETTE, *vivement.*

Non, non, ça n'est pas vrai.

POTTINBERG.

Eh bien ! soit, je le veux bien, mais ça peut venir, il est même probable que.... enfin.. Heureusement, il vous reste encore des amis ! (*A demi-voix.*) Tenez... prenez cette lettre... c'est de monseigneur !

GERTRUDE, *vivement et comme malgré elle.*

Prenez garde !..

POTTINBERG, *étonné.*

Qu'est-ce donc ?..

GERTRUDE, *cherchant à se remettre.*

Eh mais ! (*Apercevant Albert qui sort de la chambre.*) Albert ! qui sort de sa chambre...

POTTINBERG, *bas à Gertrude.*

Dieu !.. c'est vrai ! Heureusement il ne m'a pas vu !.. (*Souriant.*) Les maris ne voient rien ! (*Henriette a pris la lettre d'un air indifférent et l'a mise dans sa poche.*)

SCÈNE V.
ALBERT, GERTRUDE, POTTINBERG, HENRIETTE.

ALBERT, *entre en rêvant et redescend au bord du théâtre, à gauche.*

Je n'ai confié l'aventure de cette nuit à personne qu'à Léonard !.. et Henriette !.. Ah ! malgré sa trahison... que je veux... que je m'efforce d'oublier... tâchons qu'elle ne se doute de rien... Car à son trouble... à sa pâleur... je craignais ce matin qu'elle ne soupçonnât... (*Levant les yeux.*)

Ah! c'est vous... Henriette... je vous cherchais...
Il me semble qu'il y a longtemps que je ne vous
ai vue...

POTTINBERG, à part.
O ciel!

HENRIETTE, qui est à l'extrémité droite.
Me voici... Monsieur... Et nos amis les nouveaux mariés qui viennent nous faire leur visite de noce...

ALBERT.
Je les en remercie... je suis pour eux... (A Gertrude.) pour vous, cousine... bien content... bien heureux. (Regardant Henriette, à part.) Ah! mon Dieu! comme elle est pâle!...

HENRIETTE, le regardant avec douleur.
Comme le mal fait des progrès...

POTTINBERG, à Albert.
Ça me fait plaisir... de te voir gai et dispos... parce que nous soupons ce soir, chez moi... en famille; et n'ayant pu venir ce matin à l'église.

GERTRUDE.
J'espère qu'Henriette nous fera l'honneur d'assister à notre souper de noces.

POTTINBERG.
Ah! dame! nous ne vous donnerons pas de si bon vin que le tien... ce vin de Tokai que tu nous a offert hier... car il paraît décidé (Regardant Henriette) que c'était du tokai...

GERTRUDE, regardant Albert.
Ou du sauterne...

POTTINBERG, appuyant.
Tokai!

GERTRUDE, de même.
Sauterne!

ALBERT.
Qu'est-ce que cela fait!

HENRIETTE.
C'est vrai, c'était de si peu d'importance!

POTTINBERG, bas à Gertrude.
Diable!... cela ne leur fait rien! il faut alors frapper les grands coups! (Haut à Albert.) Gertrude... (Se reprenant respectueusement), je veux dire madame Pottinberg avait à te remettre, de la part de monseigneur, une lettre..

GERTRUDE.
C'est vrai... la voici!

POTTINBERG, d'un air curieux.
Avec un grand cachet... sais-tu ce que peut être?...

ALBERT, d'un air indifférent.
Des ordres, sans doute, pour le concierge du château.

POTTINBERG.
Et tu ne regardes pas?

ALBERT, jetant la lettre sur la table à gauche.
Rien ne presse!... je verrai plus tard!... Et quant au joyeux repas où vous veniez nous inviter... je l'avoue que je suis souffrant..

HENRIETTE, courant à lui avec effroi.
En vérité! (A part et toute tremblante.) Ah! mon Dieu!...

ALBERT, regardant Henriette avec inquiétude.
Henriette aussi!... à ce qu'il me semble du moins! et si elle y consentait...

HENRIETTE, avec tendresse.
Qu'est-ce, Monsieur?

ALBERT.
J'aimerais mieux... rester ici... à souper avec elle... en tête à tête!

HENRIETTE, vivement.
Et moi aussi... bien volontiers...

POTTINBERG.
Et quand vous êtes souffrants... vous croyez que nous vous laisserons seuls!... (Prenant une chaise et s'asseyant.) Ah! bien oui!...

GERTRUDE, prenant aussi une chaise.
Vous laisser seuls!... ah! par exemple, non!...

ALBERT, à part, avec impatience.
Est-ce qu'ils vont s'établir ici?

HENRIETTE, de même.
Est-ce qu'ils ne s'en iront pas?

ALBERT, à Pottinberg et à Gertrude.
Vous êtes attendus chez vous, par vos parents, par vos amis...

HENRIETTE, de même, avec impatience.
Et il se fait tard!...

POTTINBERG.
Il n'est encore que onze heures.

HENRIETTE ET ALBERT, à part.
O ciel!...

GERTRUDE.
Elles viennent de sonner!

HENRIETTE ET ALBERT, vivement, et regardant l'horloge qui est au fond du théâtre.
Déjà!

GERTRUDE, à part.
Qu'ont-ils donc tous les deux à regarder cette horloge!...

POTTINBERG, continuant.
Et selon l'usage, les invités ne viendront pas chez les mariés avant le coup de minuit!

ALBERT, avec effroi.
Minuit!...

HENRIETTE, de même.
Minuit! grand Dieu!...

POTTINBERG, à part, les regardant.
Décidément, il y a quelque chose...

GERTRUDE, à part.
C'est à cette heure-là que le baron doit venir (Haut et vivement), d'ici là, nous ne vous quitterons pas!

POTTINBERG.
Nous vous tiendrons compagnie pendant que vous souperez...

GERTRUDE.
Pour commencer, je vais aider Henriette à mettre son couvert.

POTTINBERG.
S'il ne tient qu'à cela, je lui en éviterai la

peine... et à nous deux. (*Voulant aider Gertrude qui déjà a placé la table, et met le couvert.*)

ALBERT, *retenant Pottinberg.*
Mais non, mes amis, c'est inutile...

HENRIETTE.
Ne vous donnez pas cette peine.

GERTRUDE, *mettant le couvert.*
Laisse donc, c'est l'affaire d'un instant...

HENRIETTE.
Je n'ai pas besoin de toi pour mettre mon couvert !...

POTTINBERG.
Ça sera plus tôt fait... (*A Albert.*) Et comme ça, vois-tu bien, nous resterons plus longtemps ensemble...

ALBERT.
Je désire rester seul avec ma femme !

POTTINBERG.
Parbleu ! tu as le temps !...

ALBERT, *avec colère.*
Non, je ne l'ai pas ! et je te prie de nous laisser... je le veux...

POTTINBERG, *feignant de s'attendrir.*
C'est à moi que tu dis cela... à un ami !...

GERTRUDE, *mettant toujours le couvert.*
Eh oui, sans doute !... vous voyez bien que cela les gêne, les contrarie !... Il y a en ménage des choses qu'on ne peut pas dire devant vous autres... hommes; (*Remontant avec lui le théâtre*) ainsi, rentrez, rentrez, pour recevoir vos convives... (*A voix basse au fond du théâtre*) et ne craignez rien... je resterai... (*Redescendant vivement près de la table à gauche.*) Cette pauvre Henriette... ma place est là... entre eux deux...

ALBERT.
Non, cousine..., non... c'est inutile !

GERTRUDE.
Comment non ? Encore quelque dispute, quelque scène qui se prépare... je le devine, rien qu'à votre air... et bien certainement je ne m'en irai pas.

ALBERT, *cédant à son impatience.*
Et moi !... moi... je le veux...

GERTRUDE.
Voilà déjà que ça commence !... mais vous n'êtes pas seul maître à la maison... votre femme a aussi sa volonté... et à son tour elle dira...

HENRIETTE, *de même.*
Je le veux...

GERTRUDE, *stupéfaite, et à part.*
O ciel !... (*Haut.*) A merveille ! sacrifiez-vous pour vos amis !

POTTINBERG.
Dévouez-vous pour eux?

GERTRUDE.
Voilà comme on vous récompense ! (*Pleurant.*) C'est bien cruel !...

POTTINBERG.
C'est bien dur !..

ALBERT, *cherchant à calmer Gertrude.*
Il ne s'agit pas de pleurer, cousine... mais de nous laisser... je le veux... (*Avec plus de force à Pottinberg.*) Je le veux !..

HENRIETTE, *de même.*
Puisqu'il vous le dit !..

POTTINBERG, *à part.*
Dès qu'il n'y a plus qu'une volonté... c'est fini ! (*Haut.*) On s'en va... on s'en va !

GERTRUDE.
Adieu, ingrats !
(*Albert s'est jeté dans un fauteuil à droite. Henriette est à gauche près de la table. Pottinberg et Gertrude se retirent lentement vers le fond.*)

POTTINBERG.
Adieu, mauvais cœurs !.. (*Bas à Gertrude.*) Qu'est-ce que ça peut être! je reviendrai le savoir à minuit...

GERTRUDE, *regardant la porte à gauche qui est restée ouverte.*
Je le saurai avant... (*Indiquant la chambre.*) Je ne bouge pas de là...

POTTINBERG, *à demi-voix.*
Bravo !... je peux m'en aller... elle est là.
(*Gertrude entre dans la chambre à gauche. Pottimberg sort par le fond en fermant la porte avec force.*)

~~~~~~

SCENE VI.
ALBERT, HENRIETTE, *retournant la tête au bruit de la porte qui se referme.*

ALBERT, *assis à gauche.*
Enfin, nous voilà seuls.

HENRIETTE, *à droite.*
Ce n'est pas sans peine !

ALBERT.
On ne peut pas être un instant à son ménage ou à ses affaires !

HENRIETTE.
C'est vrai !.. (*Après un instant de silence et d'embarras, regardant la lettre cachetée qui est près d'elle sur la table à gauche.*) Et cette lettre que Gertrude vous a apportée...

ALBERT.
Elle est de Monseigneur !.. lisez-la, Henriette, mes secrets sont les vôtres !..

HENRIETTE.
Ah ! mon Dieu !.. j'oubliais celle que Pottinberg m'a remise !.. elle est aussi de Monseigneur !... (*La lui présentant.*) Lisez-la, Monsieur !

ALBERT, *la regardant.*
Elle est encore cachetée !

HENRIETTE.
Qu'importe !.. comme vous le disiez, mes secrets sont les vôtres !

ALBERT.
Que dites-vous?

HENRIETTE.
Ne vous gênez pas !... je vous donne l'exemple ! (*Ouvrant la lettre au grand cachet et lisant.*)

ACTE III, SCÈNE VI.

« Monsieur Albert, je vous préviens qu'à la re-
« commandation du respectable Léonard, à qui je
« ne peux rien refuser... je vous ai proposé
« comme forestier général à MM. les bourgue-
« mestres et conseillers de la ville de Brême !

ALBERT.
Moi !.. qu'entends-je ?

HENRIETTE, *continuant.*
« Auxquels il faut qu'à l'instant même vous por-
« tiez cette lettre !... » (*A part avec douleur.*)
Pauvre Albert ! cette place qui lui donnait la ri-
chesse et la considération... il n'en jouira pas !

ALBERT, *à part, avec douleur.*
Pauvre Henriette !.. elle ne sera pas témoin...
(*Tous deux restent un instant plongés dans leurs réflexions.*)

HENRIETTE, *rompant le silence avec émotion.*
Mais d'après cette lettre... il vous faudrait partir ce soir pour Brême, sous peine de ne pas obte-
nir cette place...

ALBERT.
Eh ! qu'importe ! moi vous quitter ! quand j'ai
tant besoin de vous voir !

HENRIETTE.
Et moi donc !..

ALBERT.
Quand j'ai tant de choses à vous dire !

HENRIETTE.
Lesquelles ?

ALBERT.
Henriette !.. je vous demande pardon !

HENRIETTE.
Et de quoi, mon Dieu !

ALBERT.
De ma conduite d'hier... d'avoir osé dans ma
colère... dans ma jalousie...

HENRIETTE.
Ah ! je l'avais oublié !.. c'était ma faute d'ail-
leurs !.. (*S'avançant vers lui en baissant les yeux.*)
Et moi aussi... je viens vous demander pardon...
de vous avoir trompé !..

ALBERT, *avec douleur.*
O ciel !..

HENRIETTE.
Je vous ai dit que j'aimais le baron... que je
l'adorais !.. ce n'était pas vrai !.. je crois même
que c'était le contraire !

ALBERT, *avec joie.*
Qu'entends-je !

HENRIETTE.
La preuve, c'est que je vous ai remis sans les
lire ces deux lettres dont vous ne vous doutiez
même pas... celle d'hier et celle d'aujourd'hui !...
Voyez plutôt ?

ALBERT, *ouvrant la lettre qu'Henriette lui a remise.*
C'est vrai !.. c'est vrai ! (*La parcourant.*) Le
fat ! (*Lisant à demi voix.*) « Je veux vous délivrer
« d'esclavage... et ce soir à minuit, pendant que

« votre mari sera à Brême... j'entrerai chez vous
« par la fenêtre grillée dont j'ai la clé... (*D'un air
de mépris et déchirant la lettre.*) Qu'il vienne !...
je serai là !

HENRIETTE, *se rapprochant*
Qu'est-ce donc ?

ALBERT.
Rien... et puisque vous ne l'aimiez pas...
expliquez-moi comment...

HENRIETTE, *avec embarras.*
Cela avait l'air de vous faire de la peine... je
l'espérais du moins... et voilà pourquoi... C'est
bien mal, n'est-ce pas ?.... mais Gertrude me
disait qu'il ne fallait jamais céder.

ALBERT, *avec indignation.*
Gertrude !... et c'est elle qui m'exhortait sans
cesse à résister à vos caprices...

HENRIETTE.
Quelle trahison ! Et vous l'écoutiez ?

ALBERT.
Et vous pouviez la croire ?

HENRIETTE.
Dame !... depuis trois mois... elle venait toujours, comme tout à l'heure, se placer entre nous
deux !

ALBERT.
Car avant cela personne ne nous séparait.

HENRIETTE.
Et c'est aujourd'hui... c'est dans ce moment..

ALBERT.
Que nous voyons la vérité... (*A part et regardant Henriette.*) quand son arrêt est prononcé...

HENRIETTE, *à part et regardant Albert.*
Quand il n'a plus que quelques instants à vivre...

DUO.

HENRIETTE, *s'approchant de lui.*
O mon ami !

ALBERT, *de même.*
Mon Henriette !

TOUS DEUX, *se tendant la main.*
Que tous nos maux soient oubliés !

HENRIETTE.
C'est dit !

ALBERT.
C'est dit !

ENSEMBLE.
La paix est faite.
Nous voilà réconciliés !

HENRIETTE.
Et pour toujours !..

ALBERT, *troublé.*
Toujours !

ENSEMBLE, *et se détournant pour essuyer une
larme.*
O désespoir extrême !

ALBERT, *la regardant.*
Eh quoi ! tu pleures ?

HENRIETTE.
Toi de même !

ALBERT.
Moi ? c'est de joie !
HENRIETTE.
Et moi de même !
TOUS DEUX, *cherchant à cacher leur douleur.*
Allons, allons... soyons gais et rions !
ALBERT, *essuyant une larme.*
Oui, soyons heureux... et rions !
HENRIETTE, *se retournant.*
Et le souper, qu'ici nous oublions !
ALBERT, *s'efforçant de rire.*
C'est ma foi vrai... nous l'oublions !
Allons ! allons !
ENSEMBLE.
Quel bonheur de passer sa vie
Avec sa femme et son amie !
Ah ! quel repas délicieux,
Et combien nous sommes heureux !
(*Chacun d'eux à part, et se détournant pour ne pas regarder l'autre.*)
Cachons mes larmes à ses yeux.
ALBERT, *regardant Henriette, qui est immobile.*
Tu ne manges pas ?
HENRIETTE, *vivement.*
Mon Dieu ! si !
C'est toi, bien plutôt, mon ami !
ALBERT, *saisissant vivement la bouteille.*
Moi ! du tout !.. je remplis ton verre !
HENRIETTE.
Oui, buvons à l'anniversaire
De notre hymen... de nos beaux jours !
ALBERT.
Je bois à toi, mes seuls amours !
ENSEMBLE.
Oui, pour toi, mes premiers et mes derniers amours !
Quel bonheur de passer sa vie
Avec sa femme et son amie !
Ah ! quel repas délicieux !
Et combien nous sommes heureux !
(*A part.*)
Cachons mes larmes à ses yeux.
(*Haut.*)
Ah ! quel repas délicieux !
Et combien nous sommes heureux !
(*En ce moment on entend sonner la demie de onze heures.*)
ALBERT, *se levant de table.*
Qu'as-tu donc ?
HENRIETTE, *se levant aussi.*
Et toi-même ?
ALBERT.
Hélas ! ma force expire !
S'il faut te l'avouer !
HENRIETTE.
Oui, tu dois tout me dire !
ALBERT.
Je ne sais quel pressentiment
Vient corrompre ma joie en un pareil moment !
J'ai rêvé cette nuit... sombre et vaine chimère !
Que je ne devais plus te revoir.
HENRIETTE, *à part.*
Ah ? grands dieux !
(*Haut.*)
Moi de même !

ALBERT, *à part.*
Est-ce hélas ! le destin qui l'éclaire ?
HENRIETTE, *à part.*
Sur son malheur... est-ce un avis des cieux ?
ENSEMBLE, *chacun à part, et priant.*

HENRIETTE.
Encore une heure !... une heure !
Encore un seul instant !
Hélas ! s'il faut qu'il meure,
Entends-moi, Dieu puissant !
Qu'un même arrêt rassemble
Et nos cœurs et nos jours !
Que nous mourrions ensemble,
En nous aimant toujours !
ALBERT.
Encore une heure ! une heure !
Encore un seul instant !
Et s'il faut qu'elle meure,
Entends-moi, Dieu puissant !
Qu'un même arrêt rassemble
Et nos cœurs et nos jours !
Que nous mourrions ensemble
En nous aimant toujours !
ALBERT, *avec douleur.*
De mille fleurs parée, à nous s'ouvrait la vie !
HENRIETTE.
Jeunesse, amour, bonheur ! tout nous était offert !
ALBERT, *avec amour.*
Oui, jamais à mes yeux tu ne fus jolie !
HENRIETTE, *de même.*
Oui, jamais à mon cœur tu ne fus aussi cher !
ENSEMBLE, *chacun à part, et priant.*

HENRIETTE.
Encore une heure ! une heure !
Encore un seul instant !
Et s'il faut qu'elle meure,
Entends-moi, Dieu puissant !
Qu'un même arrêt rassemble
Et nos cœurs et nos jours !
Que nous mourrions ensemble,
En nous aimant toujours !

SCÈNE VII.

LES PRÉCÉDENTS, LÉONARD, *paraissant à la porte du fond.*

TRIO.

HENRIETTE ET ALBERT, *courant à lui.*

Ah ! venez ! mon père, mon père !
Venez en aide à ma misère !
Dans un instant, et pour jamais,
Je vais perdre ce que j'aimais !
LÉONARD.
Insensés que vous êtes !
Du Ciel, si bon pour vous,
Vous avez sur vos têtes
Attiré le courroux !
Et votre cœur coupable
Ne saurait plus fléchir

ACTE III, SCÈNE VIII.

Ce juge redoutable
Qui vient pour vous punir !
Les anges et l'amour vous couvraient de leurs ailes!

HENRIETTE ET ALBERT, *baissant la tête*.
C'est vrai! c'est vrai!

LÉONARD.
Dieu même avait comblé vos vœux!

HENRIETTE ET ALBERT, *de même*.
C'est vrai!

LÉONARD.
Vous dépensiez dans de vaines querelles..

HENRIETTE ET ALBERT, *de même*.
C'est vrai!

LÉONARD.
Des jours si courts qu'il fallait rendre heureux!

ENSEMBLE.

LÉONARD.
Insensés que vous êtes!
Du Ciel, si bon pour vous,
Vous avez sur vos têtes
Attiré le courroux !
Et votre cœur coupable
Ne saurait plus fléchir
Ce juge redoutable
Qui vient pour vous punir !

HENRIETTE ET ALBERT.
Qu'à votre voix s'arrête
Le céleste courroux...
(*Se montrant l'un et l'autre mutuellement.*)
Du ciel, loin de sa tête
Ah! détournez les coups!
Oui, notre cœur coupable
Ne saurait-il fléchir
Ce juge redoutable
Qui vient pour nous punir !

HENRIETTE ET ALBERT, *regardant l'horloge avec effroi*.
Ah ! voici l'heure !

LÉONARD, *avec force*.
A genoux! A genoux!
Et du ciel irrité désarmez le courroux!
(*Les deux jeunes gens tombent à genoux; et Léonard, debout entre les deux, élève la main et les yeux vers le ciel.*)

ENSEMBLE.

ALBERT ET HENRIETTE.
O mon Dieu! vois mon repentir !
Pour elle laisse-moi mourir !

LÉONARD.
O Dieu que j'implore !
Entends leurs serments !
Viens bénir encore
Ces cœurs imprudents !
(*Minuit commence à sonner; les deux jeunes gens poussent un cri, et comptent les heures en tremblant.*)
Oui, que ta clémence
Prenne pitié d'eux !
Rends-leur l'existence,
Et leurs jours heureux !

HENRIETTE ET ALBERT.
Ah! mon cœur en frémit !
C'est minuit !!

HENRIETTE ET ALBERT, *se relevant vivement et avec joie*.
Quoi! nous vivons encor !.. nous vivons tous les deux!

LÉONARD.
Oui, vivez mes enfants !.. Vivez pour être heureux!
(*Henriette et Albert viennent de se jeter dans les bras l'un de l'autre, et se tiennent étroitement embrassés.*)

ENSEMBLE.

Le ciel, dans sa clémence,
Pardonne à $\genfrac{}{}{0pt}{}{\text{notre}}{\text{votre}}$ erreur;

Il $\genfrac{}{}{0pt}{}{\text{nous}}{\text{vous}}$ rend l'existence,

Il $\genfrac{}{}{0pt}{}{\text{nous}}{\text{vous}}$ rend le bonheur.

~~~~~~

SCÈNE VIII.

LES MÊMES, POTTINBERG, PAYSANS, PAYSANNES.

POTTINBERG, *au fond du théâtre, aux paysans et paysannes qu'il amène*.
Venez... je vous promets du piquant... du scandale !
(*Se retournant.*)
Le père Léonard!...
(*Faisant un pas en avant et apercevant Albert et Henriette qui se donnent la main.*)
Surprise sans égale!
Que vois-je?

LÉONARD, *montrant les deux jeunes gens*.
Un bon ménage! Et vous veniez, je crois,
Pour le féliciter!

POTTINBERG, *troublé*.
Oui, vraiment... mais sur quoi ?

LÉONARD.
Sur la nouvelle place à son mérite acquise :
Forestier général...

POTTINBERG, *avec dépit*.
On me l'avait promise !

LÉONARD.
Et c'est lui qui l'obtient...

CHOEUR, *entourant Albert et Henriette*.
Ah! pour eux quel bonheur !

POTTINBERG.
Quoi! c'est lui qui l'emporte... et que dira ma femme?
(*Montrant la porte à gauche.*)
Car elle est là...

(Appelant.)
Gertrude!
(La porte s'ouvre, le baron paraît.)
Ah! grand Dieu..., Monseigneur!

LE BARON, *lui faisant signe de se taire.*
Silence... Elle est charmante!

POTTISBERG, *interdit.*
Eh! qui donc sur mon âme?

LE BARON, *de même et gaiement.*
Henriette!
(Apercevant Henriette en face de lui à droite et poussant un cri.)
C'est elle..., elle encor!

POTTISBERG.
O fureur!
Quelle est donc l'autre, alors?
(Gertrude paraît à la porte à gauche.)

TOUS, *avec stupeur.*
La nouvelle épousée...
(Gaiement et avec bavardage.)
Cachée, en tête-à-tête, avec un beau seigneur.

POTTISBERG, *courant à eux.*
Messieurs, c'est un hasard..

GERTRUDE, *de même.*
Messieurs, c'est une erreur...
(A Pottinberg et au baron.)
Vous le savez vous-même...

LE BARON.
Oui, vraiment, sur l'honneur,
Je l'atteste...

POTTISBERG.
C'est bien..., mais la foule abusée...
Et puis la médisance...

LÉONARD, *sévèrement.*
Il n'en est plus chez nous,
Je n'y vois que d'heureux époux...

POTTISBERG, *au baron, à voix basse et lui montrant Albert.*
Il a la place... et moi, pour consolation,
Qu'aurai-je alors?..

LE BARON.
Ta femme... et ma protection..

HENRIETTE, LÉONARD ET ALBERT.
Le ciel dans sa clémence
Pardonne à votre/notre erreur.
Il vous/nous rend l'existence.
Il vous/nous rend le bonheur.

(Albert, qui a pris le bras de sa femme, se dirige vers la porte à droite pendant que Pottinberg emmène Gertrude par le fond. Léonard, au milieu du théâtre, adresse sa bénédiction au premier couple, pendant que les gens du village entraînent le second.)

FIN.

LAGNY. — Typographie de GIROUX et VIALAT.

EN VENTE, CHEZ LE MÊME ÉDITEUR :

Titre		Titre		Titre		Titre	
L'Aïeule.	75	Mariage du Grain de Paris.	50	La Charbonnière.	60	Tantale.	50
Monstre de Femme.	60	Ville du Mariage.	40	Le Code des Femmes.		Deux Loups de mer.	50
Charles Quint.	60	Paris bloqué.	60	On demande des Professeurs.	50	Odés.	50
Vicomte de Létorières.	60	Un Ménage Parisien.			80	La Croisée de Berthe.	10
Les Fées de Paris.	60	La Bonbonnière.	50	Le Pot aux Roses.	50	La Filleule à Nicot.	50
Pour mon Fils.	50	Adrien.	50	La Grande et les Petites Bourses.		Les Charpentiers.	50
Loricone.	50	Pierre le millionnaire.	60		50	Mademoiselle Furibole.	50
Les Jolies Filles de Stilberg.		Carlo et Carlin.	60	L'Enfant de la Maison.	50	Un Cheveu Blond.	60
L'Enfant de Chœur.	50	Le Moyen le plus sûr.	50	Buche d'Amour.	60	La Recherche de l'Inconnu.	
Le Grand Palatin.	50	Le Papillon Jaune et Bleu.		La Comtesse de Moranges	50	Les Impressions de ménage.	50
La Tente mal guidée.	40	Polka en Province.	50	L'Amazone.	50	L'Homme aux 100 millions.	60
Les Circonstances atténuantes.		Une Séparation.	40	La Gloire et le Pot-au-Feu.	50	Pierrot Posthume.	50
La Chasse aux Voleurs.	60	Le roi Dagobert.	60	Les Pommes de terre malades.	50	La Déesse.	60
Les Ratiocellaises.		Frère Gallifère.	60	Vit ce qui vient d'paraître.	60	Une Existence décolorée.	50
Une Femme sous les Scellés		Nicaise à Paris.	50	La Loi salique.	50	Elle ... ou la Mort!	50
Les Aides de Camps		Le Troubadour-Omnibus.	50	Vierge au Ciel.	50	Didier l'honnête homme.	60
Le Mari à l'essai	50	Un Mystère.	50	L'Eau et le Feu.	50	L'Enfant de quelqu'un.	60
Chez un Garçon.	40	Le Billet de faire-part.	50	Beauzillard.	50	Les Chroniques bretonnes.	50
Jokei's-Club.		Polcinella.	50	Mardi gras.	60	Hayrée ou le Secret.	1
Mérovée.		Florina.	60	Le Retour du Conscrit.	50	L'Art de ne pas donner d'Étrennes.	50
Les deux Couronnes.	60	La Sainte-Cécile.	60	Le Mari perdu.	50		
Au Croissant d'Argent.		Follette.	50	Dieu de l'Olympe.	50	Le Puff.	
Le Château de la Roche-Noire.		Deux Filles à marier.	60	Le Carillon de Saint-Malo.	60	La Tireuse de Cartes.	50
Mon illustre Ami.	60	Monseigneur.	60	Geneviève.			
Le premier Chapitre.		À la Belle Étoile.	40	Mademoiselle ma Femme.			
Talma en congé.		Un Ange tutélaire.	50	Mal du pays.	60		
L'Omelette Fantastique.	50	Un Jour de Liberté.	60	Mort civilement.	50		
La Dragonne.		Wallace.		Veuve de quinze ans.	50		
La Sœur de la Reine.	60	L'Écolier d'Oxford.		Carlo-Malato.	50		
La Vendette.		L'Oiseau du Bocage.	50	Fruit défendu.	50		
Le Poète.	50	Paris à tous les Diables.	60	Un Cœur de Grand'Mère.	50		
La Maîtresse anonyme.		Une Ayeule.	60	Nouvelle Clarisse.	50		
Les Informations conjugales.	50	Madame de Cérigny.	60	Place Ventadour.	60		
Le Loup dans la Bergerie.	50	La Pierre et le Parapluie.	50	Nicolas Poulet.	50		
L'Hôtel de Rambouillet.	60	Morale en action.	60	Roch et Lur.	50		
Les deux Impératrices.		Liberté Libertas.	60	La Protégée sans le savoir.	60		
La Caisse d'épargne.	60	L'Île du Prince Tonton.	40	Une Fille Terrible.	50		
Thomas le Rageur.	50	Mimi Pinson.		La Placette à Paris.	50		
Derrière l'Alcôve.	40	L'Article 170.	60	L'Homme qui se cherche.	50		
La Villa Duflot.		Les deux Vivaux.		Maître Jean, ou la Comédie à la Cour.			
Péroline.	50	Les deux Pierrots.			60		
La Femme à la Mode.		Seigneur des Broussailles.		Ne touchez pas à la Reine.			
Les Ferrements d'une Canne et d'un Parapluie.		Un Poisson d'Avril.	50	Une année à Paris.	60		
		Deux Tambours.	50	Amour et Biberons.	60		
Les deux Ânes.		Constant la Girouette.	40	En Carnaval.			
Foliquet, coiffeur de Dames.	60	L'Amour dans tous les Quartiers.		Bal et Bastringue.	50		
L'Anneau d'Argent.	40			Un Bouillon d'onze heures.	40		
Recette contre l'Embonpoint.		Madame Butolin.		Cour de Babérack.	50		
Don Pasquale.		Petit Poucet.		D'Aranda.	60		
Mademoiselle Déjazet au Sérail.		Camoëns.		Partie à trois.	50		
		Escadron Volant.		Une Femme qui se jette par la fenêtre.			
Touloutic le Cruel.	60	Le Lansquenet.	50		60		
Hermance.		Une Voix.	50	Avocat pédicure.	50		
Les Cannés.	50	Agnès Béraux.	40	Trois Paysans.	50		
Entre Ciel et Terre.	40	Amours de M. Denis.	50	Chasse aux Jobards.	50		
La Fille de Figaro.	50	Porthos.	50	Mademoiselle Grabotet.	50		
Métier et Quenouille.	50	La Pêche aux Beaux-Pères.	50	Père d'occasion.	60		
Angélique et Médor.		Révolte des Marmousets.	50	Croquignole.	50		
Loïsa.		Le Troisième Mari.	50	Henriette et Charlot.	60		
Jocrisse en famille.		Un premier Souper.	50	Le chevalier de Saint-Remy.	50		
L'autre Part du Diable.	50	L'Homme et la Mode.	60	Malheureux comme un Nègre.	50		
La Chasse aux Belles Filles.		Une Confidence.	50	Un Vœu de jeunes filles.	60		
La Salle d'Armes.	40	Le Ménestrel.	50	Secours contre l'Incendie.			
Une Femme compromise.		L'Almanach des 25,000 adresses.		Chapeau gris.			
Patience.	50			Sans Dot.	50		
Madame Roland.		Une Histoire de Voleurs.	60	La Sirène de Luxembourg.	60		
L'Esclave de Camoëns.	50	Les Murs ont des oreilles.	60	Homme Sanguin.	60		
Les Réparations.	50	L'Enseignement Mutuel.	60	La Fille obéissante.	50		

En vente, chez le même Éditeur :

THÉATRE COMPLET DE MADAME ANCELOT

QUATRE VOLUMES IN-8

Superbe édition ornée de vingt gravures sur bois par M. Raffet
Et de vingt têtes d'expression lithographiées

LES DESSINS SONT DE MADAME ANCELOT.

PRIX : 20 FRANCS.

Lagny, imp. de Girout et Vialat.

Contraste insuffisant

NF Z 43-120-14

www.ingramcontent.com/pod-product-compliance
Lightning Source LLC
Chambersburg PA
CBHW071309080426
42451CB00026B/1754